ちくま新書

高校生からの経済データ入門

吉本佳生
Yoshimoto Yoshio

1006

高校生からの経済データ入門【目次】

コラム

章扉イラスト＝古川タク

はじめに

✝高校数学に新しく追加された「データの分析」

本書の執筆が最終段階に入っていた２０１２年10月に、文部科学省からスーパーサイエンスハイスクール（ＳＳＨ）に指定されている時習館高校（愛知県下有数の進学校）の１年生を相手に、データの読み方などをテーマに講演する機会がありました。

社会に出て働くときのためのキャリア教育を意識しているのでしょうが、２０１２年度から、高校の数学カリキュラムに「データの分析」という章ができました。数学Ⅰのなかにあって、それを学ぶ高校１年生に、私の講演を聞かせたいと考えた数学科の先生方から、ご依頼があったのでした。

その講演会で締めくくりに話した内容を、ここに引用します。

コンビニで買い物をすると、「いつ、どの店で、どんな商品を買ったか」のデータが記録されます。そのときの天気も気温も一緒に記録されます。コンビニの店員は、さらに顧客の性別とおおまかな年齢を判断して、その情報も追加します。

買い物の際にポイントカードやケータイクーポンを提示したり、電子マネーを使ったりすると、「誰が買ったか（氏名・年齢・住所など）」のデータも記録されます。こうして、お店や企業は、顧客の買い物情報を細かく記録しています。すでに膨大なデータが蓄積されていて、日々、いや時々刻々と大量のデータが追加されます。

そして、蓄積され続けるデータをいかに活用するかが、ビジネスの成否に直結する時代になったことを、「ビッグデータの時代」と呼んだりします。

ところが、アメリカでも日本でも、膨大なデータを活かすための人材が大幅に不足しているといわれます。いつの時代でも、数字に強い人は、ビジネスで成功しやすかったのですが、よりいっそう求められる人材となりました。

じつは、ビジネスのうえで数字に強くなるための方法は、とても単純です。たくさんのデータを真剣に読む作業を、短い期間に集中してでも、長い期間に少しずつでも、とにかく続けること。基本的に、これしかありません。

基本的な数学の知識は、仕事や生活で意外に役に立ちます。だから、社会人になってから、数学を学び直す人がたくさんいます。あなたが、金融やビジネスの数字に強くなりたいなら、そう意識しておこなう勉強は、あなたを裏切らないはずです。

†理系はもちろん、文系でも「データに強い人材」が求められる

じつは、時習館高校の生徒に対して話した内容と大部分が同じ講義を、8カ月前の2012年2月に、トヨタ自動車の調査部のみなさんに対してもおこないました。拙著『数学のカラクリを見抜け！　学校では教わらなかったデータ分析術』（PHPビジネス新書、2011年）の内容について、仕事のなかでデータを扱うためにぜひ学んでおくべきものだと評価していただき、お招きいただいたのでした。

そのときの講義の雰囲気を、筆者は決して忘れないでしょう。全員が最初から最後まで本当に真剣に講義を聞いてくださって、質疑応答もレベルが高いものでした。講義後に玄関を出るまでついてきてくださった方が、「これから部長にレポートを提出するときには、

（今回教わったことに気をつけながらデータを扱わないといけないから）本当にたいへんだと思います」と、緊張した表情でおっしゃっていたことも、まだはっきりと覚えています。

私がお教えした内容は、中学生レベルの数学がわかっていれば、簡単なものがほとんどでした（一部は高校数学のレベルでした）。ただ、実践的な使い方を中学・高校ではまったく習わなかったことばかりです。

レベル的には簡単なのに、データを扱う仕事では重要なポイントばかりだと気がついた人たちは、自分もそれを身につけて仕事に活かしたいと思ってくれるようです。仕事上のスキルアップに関係したことだからこそ、本当に真剣に聞いてくださったのです。

一流大学を卒業し、就活の勝ち組として超一流企業に就職し、頭脳労働をする部署で実際に働いているエリート社員のみなさんが、レベル的には中学・高校生に向けて話をしてもいいような講義から、真剣に学ぼうとしてくれた。その様子をみて、筆者は改めて「こうした内容が中学生か高校生のときに学べるといいのに」と感じました。

先に述べたことを強調しますが、データの読解力を高めるには、自分のアタマで考えながら、たくさんのデータを読む経験を積むことが大切です。よほどの天才でない限り、そうした経験の積み重ねなしにデータの読解力は上がりません。

そして本書は、中学・高校生に、少しでも現実社会についてのデータ調べを楽しんでもらいたいと考えて書いたものです。中学・高校生のころから、自分でデータを調べて考えることを続ければ、誰でも、現代社会で働くうえで強力な武器（技能）になるデータ読解力が身につくはずだと信じるからです。

もちろん、社会人になってからでも、データの勉強は遅くありません。少し時間はかかるかもしれませんが、データの読解力は、経験に応じて必ず上がるはずです。

データの読解力を高めたければ、「習うより慣れろ」です。そこで、本書では、多様な経済データを取り上げています。そのなかから、みなさんが興味をもったデータだけを深く掘り下げてもいいし、広い分野のデータを関連づけながら考えてもいいでしょう。

本書で紹介する経済データは、つぎのようなものです。

序　章　大学生などの就職率、日米欧5カ国の若者の失業率
第1章　レタス・もやし・トマトなどの野菜の価格、さんま・あじなどの魚の価格、パソコン・ゲーム機・プリンタ・自動車などの価格、消費者物価指数
第2章　携帯電話会社のシェア、カラオケの市場規模、デジカメの輸出比率、乗用車

の販売台数、コンビニの客単価など、映画のスクリーン数や邦画・洋画比率など

第3章　労働分配率、完全失業率、有効求人倍率、非正規雇用比率、労働力人口

第4章　世界の人口、日本の人口と年齢構成、住宅着工戸数、住宅ローンの金利選択、日本政府の予算構成、日本政府の借金残高

第5章　日本国債の利回り（金利）、コール金利、日経平均株価、マネーストック、国際商品指数、円相場、先物・オプション取引の指標

第6章　国際収支統計、経常収支・サービス収支・旅行収支など

第7章　実質・名目ＧＤＰ、経済成長率

さあ、経済社会についてのデータの海に飛び込んでみましょう。広く深いデータの海には、新しいデータが大量に流れ込み続けます。データをみることが楽しく感じるようになれば、きっといいことがありますよ。

序章

若者の就職状況を示すデータをみてみる

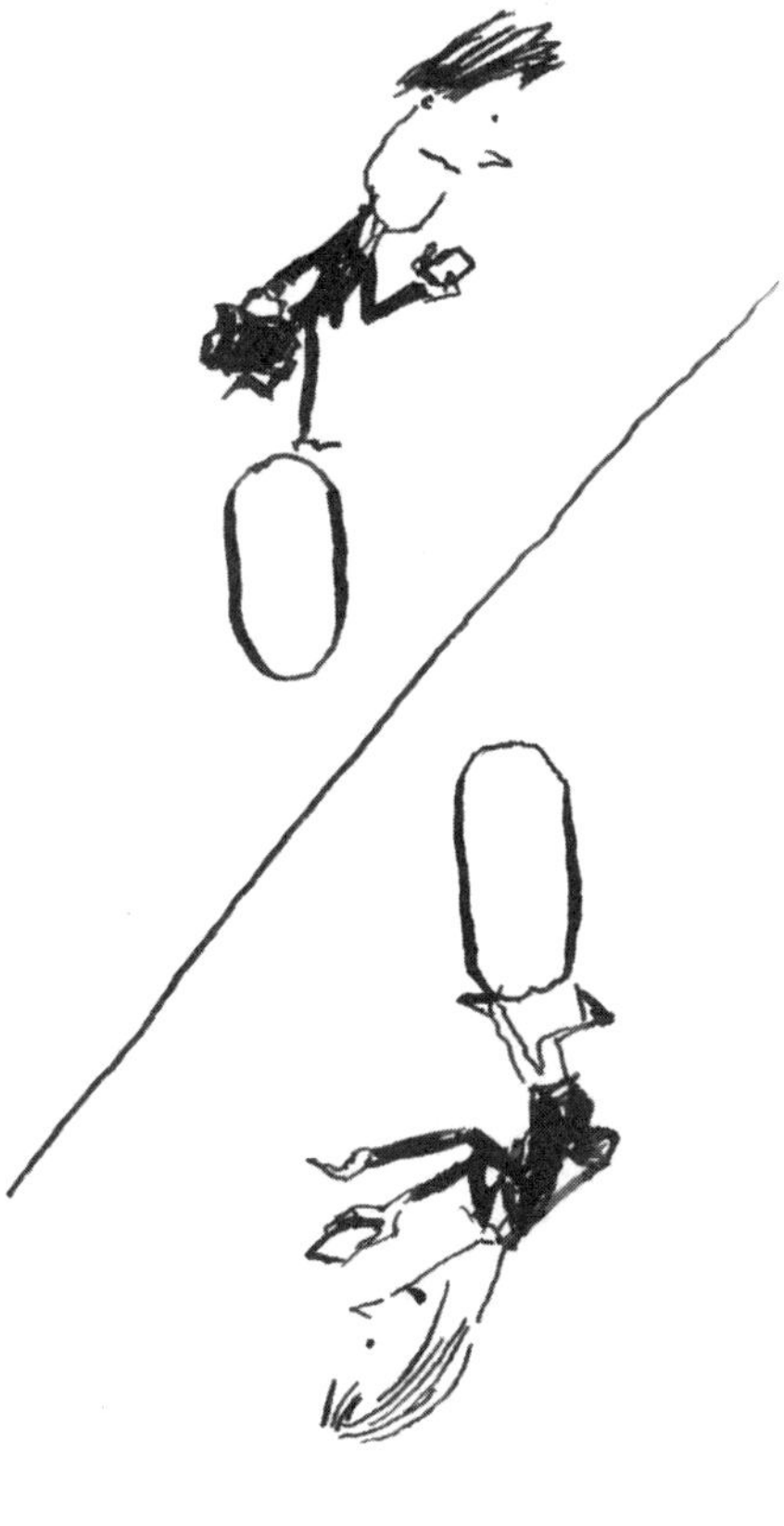

†国公立大学の男子学生は就職に強い？　それとも弱い？

不況が続く2012年の春、日本では、大学・短大・専門学校を卒業した若者のなかで、就職を希望した人たちの9割以上が、実際に就職して働き始めていました。**就職率**が93・6％にまで回復していたのでした（本書では、93・6の「・」は小数点を意味します）。

残りの6・4％は、就職したいと希望しながら就職できなかったことになりますが、前年、2011年春——東日本大震災の直後に大学を卒業した人たちは、就職希望者のうち9・0％が就職できませんでした。それよりは改善していました。

たいていの親は、子供がいい就職先をみつけられるようにと願って、子供に「がんばって勉強しなさい！」といいます。ですから、新卒者の就職率は、親にとっても子供にとっても、とても気になるデータです。

また昔は、「女の子は就職などせず、家事手伝いをしたあとでお嫁に行けばいい」と考える親も多かったのですが、いまは、大学に進学してしまえば、女子学生のほうが男子学生よりずっと**就職希望率**が高いようです。2012年春卒業の大学生でみると、男子が61・8％、女子が78・8％で、女子のほうが17・0％も高かったのです。

ここまでの話は、ある統計データに基づいています。では、そのデータは本当に信用できるのでしょうか。

じつは厳しい不況下では、「就職率＝就職者÷就職希望者」というデータは、実態（実感）より高くなります。必死に就職活動をしたけれど、失敗して内定を獲得できなかった卒業予定者が、その年の就活（就職活動）をあきらめて、大学院に進学したりすると、その学生は就職希望者ではなくなります。その結果、数字のうえでは、就職率が実態より高くなってしまうのです。

残念ながら、多くの大学は、就職率の数字が表面的に少しでも高くみえるように、統計調査を工夫しがちです。たとえば、なかなか内定がもらえずに苦しんでいる学生は、大学の調査に協力しないことも多く、そういった学生に対する調査を徹底するのをやめるだけで、就職率は上がるからです。

近年は、プライバシーの問題もありますし、仕方がないところもあります。ただ結果として、個々の大学が発表している就職率は、ちょっと誇大広告気味だと考えたほうがいいでしょう。

先ほど示したデータは、厚生労働省が聞き取り調査を中心におこなった『平成23年度

『大学等卒業者の就職状況調査』から引用しました。そのため、個々の大学がやっている調査よりも信頼できる部分もありますが、別の大きな問題点もあります。

調査対象となった大学がどんな大学かという点です。最近は、こうした統計調査の詳細がインターネット上で簡単に調べられます。厚生労働省のホームページをみると、この調査の対象となった大学は、国立大学21校、公立大学3校、私立大学38校（他に、短期大学、高等専門学校、専修学校もふくむ）となっています。

実際に存在する大学数を考えると、国公立大学の比率が高く、そこから推測すると、私立大学も、比較的偏差値が高い有名私立大学の比率が高いのではないかと疑いたくなります。国公立大学の比率だけを考えても、受験に成功して大学生になった人たちに偏ったデータだと理解したうえで、読むべき数字だといえます。

もう少しきちんと読むために、調査報告書にある表をひとつ、引用しましょう（図表1）。ふつうに読むと、国公立大学を卒業できれば、就職希望者のうち95％程度が就職できるように読めます（表中の※1）。

しかし、こうした表が入手できたときには、関連する他の数字もきちんと読むべきです。学生のうち、就職希望者がどれだけの比率を占めたかを示す就職希望率の数字を、じっと

図表1　大学生の就職率は90%を超えるが……

厚生労働省の『平成23年度「大学等卒業者の就職状況調査」』より

[全体]

区分		就職希望率	就職率	〈参考〉前年度卒業生の就職率（平成23.4.1現在調査の結果）
大学		68.9%	93.6%	91.0%
うち	国公立	54.2%	95.4% ※1	93.5%
	私立	76.2%	92.9%	90.1%
短期大学		74.8%	89.5%	84.1%
高等専門学校		62.8%	100.0%	98.7%
総計		69.0%	93.6%	90.7%

[男子]

区分		就職希望率	就職率	〈参考〉前年度卒業生の就職率（平成23.4.1現在調査の結果）
大学		61.8%	94.5%	91.1%
うち	国公立	44.3% ※2	96.0%	92.5%
	私立	71.1%	93.9%	90.6%
高等専門学校		62.8%	100.0%	98.7%
総計		61.9%	95.2%	92.0%

[女子]

区分		就職希望率	就職率	〈参考〉前年度卒業生の就職率（平成23.4.1現在調査の結果）
大学		78.8%	92.6%	90.9%
うち	国公立	69.8%	94.8%	94.6%
	私立	82.8% ※3	91.7%	89.6%
短期大学		74.8%	89.5%	84.1%
総計		78.0%	91.9%	89.5%

（出所）厚生労働省ホームページ

みてください。男子で、国公立大学の場合、就職希望率は44・3％です（表中の※2、過半数である55・7％が、大学卒業時に就職を希望しないということです）。女子で、私立大学の場合、82・8％が就職を希望しているの（表中の※3）と比べると、あまりに低い数字です。

就職希望率が低い場合、就活に失敗した（就職したい企業から内定がもらえなかった、あるいは、公務員試験に落ちた）から大学院に進学を決めた人など、就活をやってからあきらめた人たちの存在が、就職希望率を下げた部分があると推察されます。そのため、筆者が図表1をみて強く感じたことは、つぎの2つです。

第1に、国公立大学の学生のなかには、就活に失敗し、結果として就職をあきらめた人たちがかなり多くいるのではないか。第2に、男子と女子を比べると、女子学生のほうが粘り強く就活を続けていて、本当は就職したかったのに就活をあきらめた人たちの比率は、女子より男子のほうがずっと高いのではないか。

筆者はそう感じましたが、ここから先は、別の統計データなどを探すか、なんらかの追加調査をするのでないと、検証できません。また、筆者が先のデータから一番知りたかったのは別のことで、日本の若者が大学などを卒業したときに、きちんと就職できているのかどうかです。この点について、どうやら先のデータだけではよくわからない、とわかりました。

少し残念ですが、これは大切な〝成果〟です。統計データを読むうえでは、「このデータだけでは、肝心な結論について確信できない（確信できると思い込むと、まちがった結論を信じてしまいやすいから危険だ）」と気づくことも、重要な成果なのです。

図表1は、就職率のデータだけをみると、①国公立大学のほうが就職に強い、②男子学生のほうが就職に強い、とみえます（少しの差ですが）。しかし、就職希望率のデータをみて、学生たちの行動についていろいろと考えてみると、驚くことに、結論が完全に逆転します。

筆者は、①国公立大学のほうが就職に弱い、②男子学生のほうが就職に弱い、と感じたのです。そのため、図表1の就職率のデータは、どうも当てにならないとわかったという話でした。

なお、理系と文系の学生では、大学院進学率が大幅に異なります。理系では高く、文系では低いことがふつうです。ですから、こうしたデータは理系と文系を分けて（もっといえば、同じ文系でも、就職に強い商・経済・法学部などと就職に弱い文学部などを分けて）分析したいのですが、そうなっていないことも、今回のデータの大きな問題点です。

†10人に1人が就職できないのは、厳しい？　まだマシ？

関連する別のデータをみてみましょう。若者の**失業率**（Unemployment Rate）のデータです。まず、日本のデータをみます。続いて、スペインとギリシャのデータもみてみましょう。ちょうど2012年春に、スペインとギリシャの経済危機についてのニュースが、日本でもよく報じられて話題になっていたからです。

働きたいと希望して、就活をしているのに、仕事に就けない人のことを「失業者」と呼び、「失業率＝失業者÷（就業者＋失業者）」として、失業率を計算します。この場合も、働く意欲がない人は、そもそも失業者にならないことをよく覚えておくべきです。

日本の15〜24歳の若者の失業率は、2012年5月時点で、8・5％、男性に限ると9・2％、女性に限ると7・7％でした。1割（10％）には達していないのですが、前に戻って2002〜03年の15〜24歳の男性の失業率をみると、11％を超えていました。

また、15〜24歳の失業率は、他のどの年齢層の失業率よりも数％高く、若者が最初の仕事に就くのは、けっこうたいへんだとわかります。おおまかにいえば、日本の若者の10人

図表2　日本とドイツの若者は、職に恵まれている？

2012年5月 ※ギリシャのみ同年4月	24歳以下 失業率・男女	24歳以下 失業率・男	24歳以下 失業率・女
ドイツ	7.9%	8.8%	6.7%
日本	8.5%	9.2%	7.7%
アメリカ	16.1%	17.5%	14.6%
スペイン	52.1%	54.0%	50.1%
ギリシャ※	52.8%	45.7%	61.1%

（出所）総務省ホームページ、Eurostatホームページ

に1人は、学校を出てから働こうと思っても、仕事に就けないのです。

それでも、日本の若者はまだチャンスを与えられているほうだといえます。この時点で経済危機が世界的に話題になっていたスペインとギリシャ、そして、対照的に好調とされていたドイツ、世界一の経済大国アメリカの4つの国と、日本を比べてみましょう。

男女合計での失業率が低い順に並べたのが、図表2です。日本よりドイツのほうが、男女合計だけでなく、男性だけでも、女性だけでも、低い失業率になっています。ただ、どれも1％以内の差です。きちんと比較するには、各国の失業者の定義には差があることを考慮すべきですが、このデータを素直に読めば、世界的にみて、日本の若者は仕事に就くチ

ャンスに恵まれているほうだといえそうです。

なんといっても、スペインとギリシャの若者の失業率が高すぎるため、日本やドイツの数字がとても低くみえます。表には載せませんでしたが、同月の24歳以下の男女合計での失業率は、フランスで22・7%、イタリアで36・2%、イギリス（ただし同年3月のデータ）で21・7%です。図表2にあるアメリカの16・1%もふくめ、主要国のほとんどの若者は、日本やドイツの若者より、ずっと卒業後の就職に苦労しています。

ドイツ・スペイン・ギリシャなど、そしてアメリカのデータも、インターネットで調べました。ヨーロッパ主要国の社会・経済関係の統計は、かなり調べやすいのです。「Eurostat（EU統計局）」のホームページをみれば、EU加盟国のデータが一覧できます。英語で説明が書いてありますから、辞書を引きながら読めば調べられるでしょう。

アメリカのデータも比較対象としてEurostatホームページに出ていましたので、そこから引用しました。本当は、元となる統計を調べるべきですが、公的機関が整理し、自ら管理運営するホームページに載せている場合には、例外として、筆者はそれを引用したりします。

失業者数や失業率の統計は、どれくらいの頻度で就活をしていれば失業者とみるかなどの、細かな失業の定義設定がむずかしく、それが国によって微妙に異なるために、国際比較もむずかしいといえます。しかし、図表2のように、あまりに大きな差があれば、ある程度の結論が出せます。

†経済についての基本的な統計データをしっかり読んでみる

現代社会についてのいろいろな統計データのなかで、〝経済〟についての統計データは、金額や数量で明示されているものが多いため、いろいろなデータのあいだの四則演算が意味をもったり、比較がしやすかったりします。いろいろな側面から調査されていることも多く、多くの調査の結果が蓄積されています。

経済統計（経済データ）は、調べれば調べるほどおもしろいものです。それなのに、日本の新聞やテレビは、少ししか経済データを取り上げません。データの意味や正しい読み方を説明するには、背景にある経済理論の理解が必要なことが多く、データの説明をきちんとできる人が、日本の新聞社やテレビ局にはほとんどいないという事情があります。

他方で、いまは統計データを調査・公表している公的機関が、インターネット上で大部分のデータを公開しています。個人が経済統計を調べることが、かなり簡単になっています。それぞれのデータの意味や注意点も、インターネット上で解説されていることが多いので、とても便利です。

ただし、公開されたデータが多すぎることもあり、また、インターネット上の解説が経済の専門知識を前提にしているときもあって、膨大な経済データを自分で調べて楽しむための〝第一歩〟を踏み出せない人がほとんどです。このあたりの事情は、高校生や中学生でも、バリバリにビジネスの現場で働いている大人でも、主婦でも、年金生活者でも、さほど変わらないというのが、日本の現状です。

そこで本書は、高校生や中学生でも、そして大人でも、とにかく経済のデータについて自分であれこれ調べてみたいと思った人に、とても基本的で、しかし読み方によっては奥が深くておもしろいデータを、基礎の基礎から学んでもらうことを意図しています。

第1章

物価の変化

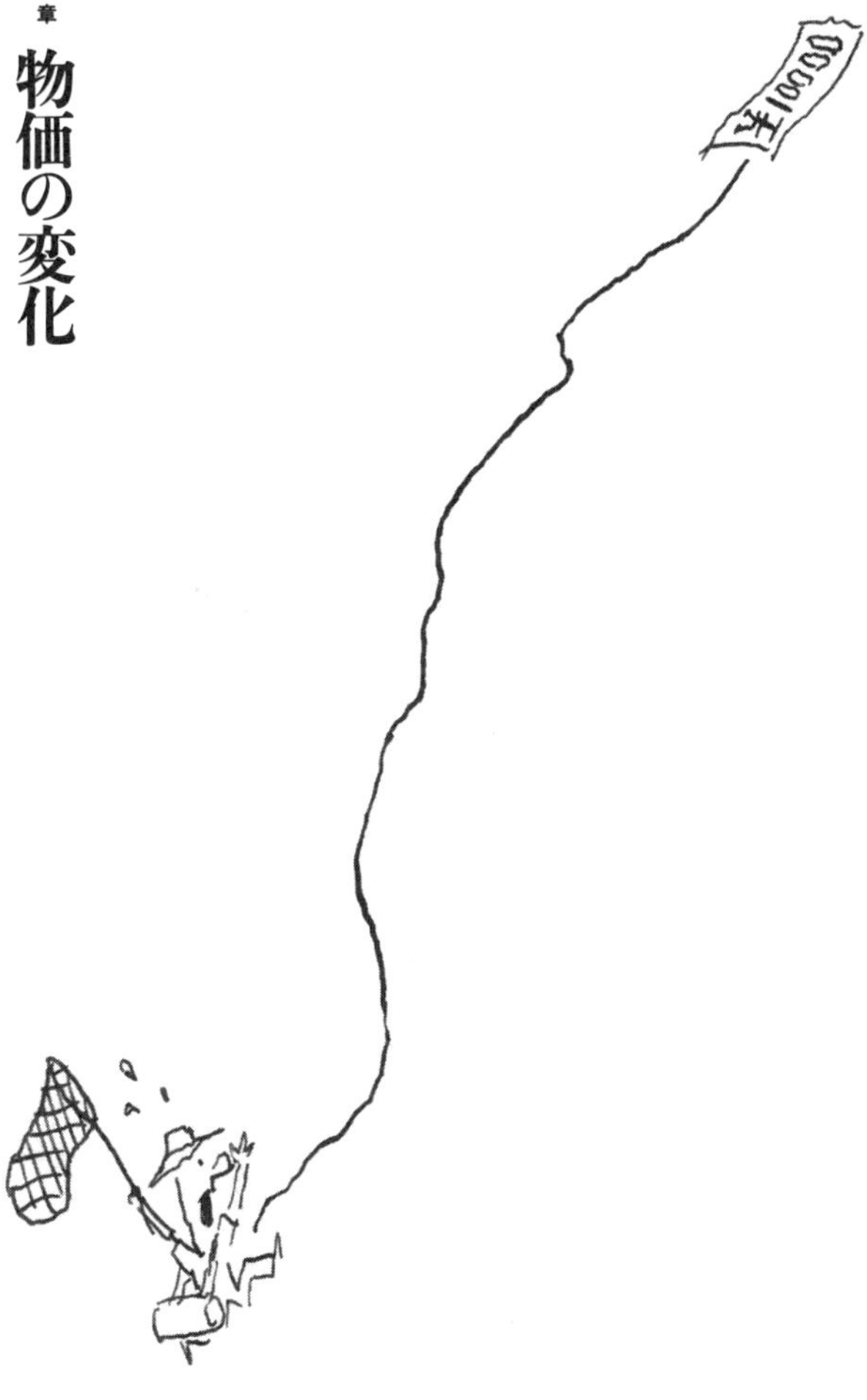

†個別の〝価格〟から計算する〝物価指数〟

現実の経済にさほど興味がない大学生に、なんとか興味をもってもらう方法を、筆者はいろいろと工夫して試してきました。1年生向けのゼミで圧倒的に効果があったのは、つぎのやり方です。身近なモノやサービスの「価格」について、学生たちだけで調べてもらい、少しだけヒントを与えたあと、学生たちに追加調査や分析をしてもらうのです。

こうしたゼミをやると、学生の満足度はとても高いとわかりました。価格は、調べれば調べるほどおもしろいからです。また、自分たちが消費するモノやサービスの価格なら、誰でもある程度の分析ができます。なにより、価格は経済の基本中の基本といえるデータです。

大学生に調べさせるときには、自分たちでお店などを回って調べてもいいし、インターネットを使って調べてもいいと指示します。お店を回って調べるグループのほうが楽しそうにやっていて、意外におもしろいデータをみつけてきます。しかし、苦労も多く、店頭では過去のデータは調べられません。

そこで本章では、公的機関の人たちがお店を回って調べて整理した価格のデータを、紹介することにします。たくさんの種類のモノやサービスについてのデータがありますが、そのうちのごく一部を取り上げます。

消費者物価指数と呼ばれる統計を計算するときの基礎になるものです。日本政府のうち、**総務省**（の統計局）が調査と公表をおこなっています。総務省のホームページから詳細な情報を得ることができます。解説もホームページで読むことができて、消費者物価指数についでは、つぎのように説明されています。……ただし、よりやさしい日本語に書き換えてあります。

消費者物価指数は、全国の家庭が購入する消費者向けのモノやサービスの価格（値段、料金など）を総合した物価の変動を、時間の流れのなかで測定するものです。「総合した物価の変動」というのは、消費者がどんな品目を消費するかが一定の比率で決まっていると仮定して、その消費品目を買うのに必要なおカネが、物価の変動によってどう変化するかを、指数（基準時点の物価を100とした指数値）で示したもので、毎月作成しています。

消費者物価指数を計算する際に、どの品目をどんな比率（ウエイト）で買うとみるかについては、総務省統計局がおこなう家計調査の結果などに基づいて決めています。各品目の価格は、総務省統計局がおこなう小売物価統計調査によって調査された小売価格をもちいています。消費者物価指数のデータは、いろいろな経済政策や年金の改定などに利用されています。

もっとわかりやすくいえば、日本全体（あるいは東京など）での、私たちが消費をおこなう段階での、いろいろなモノ・サービスの〝平均的な価格変動〟をみるためのデータが、消費者物価指数です。ふつうは、指数そのものより、その変化率が消費者物価上昇率として注目されます。

多種類のモノ・サービスの価格を総合してみるのですが、ウエイトをつけた（重要度に応じて影響力に差をつけた）平均、つまり「加重平均」で、指数を計算しています。加重平均については、つぎのページのコラムで解説しています。

コラム　加重平均とバスケット

私たちは、各種のモノ・サービスを均等に消費するわけではありません。食べ物のことだけを考えても、塩や醬油のような調味料に支払うおカネは、米やパンのような主食に支払うおカネよりずっと少ないでしょう。

そのため、個々のモノ・サービスの価格についてのデータ（実際には、価格変化率）を平均するときに、たとえば5種類のデータを単純に足して5で割るといった計算はしません。単純な平均ではなく、重要度が高いモノ・サービスのデータについては、重要度に応じて大きな影響力があるような方法で、平均を計算します。

ウエイト（重み）を加味して平均をするという意味で、**加重平均**と呼びます。経済データの加重平均では、「バスケット（籠《かご》）」という言葉がよく出てきます。消費者物価指数の計算でも登場します。バスケットを想定した平均の計算こそが、加重平均です。

なんでも入るとても大きなバスケットがあるとして、そのなかに、基準となる年に日本人が消費したモノ・サービスを、すべて入れることができたとしましょう。ひとり当たりの消費量に応じて入れると、米やパンのような主食は、相対的にたくさん入ります。少ししか消費しないモノ・サービスは少しだけ入れます。

このバスケットを丸ごと買うと、基準年にはいくら支払う必要があったのかを計算します。つぎに、消費者物価指数を計算したい年にはいくら支払う必要があったのかを計算します。両者のあいだの変化率が、基準年からの消費者物価上昇率です。基準年の値を100として表示すると、消費者物価指数になります。

バスケットに入れる量によってウエイトづけをしていることになりますから、加重平均になっています。バスケットを想定して計算すると、考え方としてはさほどむずかしくない計算ですが、実際にたくさんの種類のモノ・サービスについて、消費量を調べてウエイトを設定し、価格を調べて加重平均をするのは、たいへんな作業となります。

経済データのなかには、こうした加重平均によって計算されるデータが多いので、バスケットを想定した計算のイメージをよく覚えておいてください。

なお、たとえば、2010年と2年後の12年の物価を比較するときに、古いほうの

10年の消費構成に基づくバスケットで物価指数を計算するのが、消費者物価指数です。これを「ラスパイレス方式」といいます。

新しい12年の消費構成に基づくバスケットで物価指数を計算することもできます。これは「パーシェ方式」といいます。第7章で紹介するGDP統計のなかでは、実際にパーシェ方式で物価指数の計算をしています。

じつは、ラスパイレス方式とパーシェ方式のどちらで計算するか――古いバスケットと新しいバスケットのどちらを想定するかで、物価上昇率の数値が大きく異なることがあります。どちらかの方式が優っているということではなく、どちらの方式にも欠点があるのです。

そもそも、性質が異なるいろいろなモノやサービスについてのデータを集計し、平均（たいていは加重平均）を計算すること自体に、かなりの無理があります。統計データには、無理を承知で工夫して計算しているものが多く、だからこそ、データを読むときには、結論を急がない姿勢が大切です。

英語では、個別の価格はPrice、いろいろな価格を総合した指数はPrice Indexですが、日本語では、指数のほうを〝物価指数〟あるいは単に〝物価〟と呼びます。経済統計の基礎理論となる経済学は、欧米からの輸入学問ですから、英語を翻訳した経済用語が多いのですが、それでも、英語と日本語が単純には対応しない経済用語もときどき出てきます。海外の経済データを調べるときにそなえて、基本的な経済データを示す英語も知っておくべきでしょう。

消費者物価指数はConsumer Price Index、略してCPIです。他にも、いろいろな物価指数がありますが、総務省のホームページでの説明の最後にあったように、消費者物価指数は政策的な注目度が高い経済データです。ニュースでもよく報じられます。

とはいえ、ふつうの人にとっては、総合的な価格よりも、個別の価格のデータのほうが実感しやすく、興味もわきやすいでしょう。実際に、個別のモノ・サービスの価格のほうが、経済データとしてはずっとおもしろいのです。

†もやし料理が得意な人は、節約上手になれる

そんなわけで、本章では、消費者物価指数の現実のデータは最後にちょっと取り上げる

ことにして、まずは、消費者物価指数を計算するために調査された、個別のモノ・サービスの価格データを、あれこれ取り上げてみます。

すでに述べたように、消費者物価指数は、影響力の大きな品目に大きなウエイトをつけて加重平均します。主要項目別にみると、食料のウエイトが高いので、食料からみることにしましょう。

スーパーの野菜売場にあるモノだけでも、とても多くの種類について、価格の調査がおこなわれています。キャベツ、ほうれんそう、はくさい、ねぎ、レタス、ブロッコリー、もやし、アスパラガス、さつまいも、じゃがいも、さといも、だいこん、にんじん、ごぼう、たまねぎ、れんこん、ながいも、しょうが、えだまめ、さやいんげん、かぼちゃ、きゅうり、なす、トマト、ピーマン……。まだあります（他にキノコ類や果物などもあります）が、このあたりでやめておきます。

どの価格も、グラフにしてじっとみると、いろいろな疑問が浮かんできて、筆者はどれを取り上げるかで悩みました。インターネットで簡単に調べられるデータですから、みなさんが好きなデータは、みなさん自身で調べていただくことにして、筆者が好きなモノを中心に取り上げます。

野菜サラダによく使われるモノのひとつに、レタスがあります。洗ってちぎって水切りをして、ドレッシングなどをかければ、サラダとして食べられますから、筆者が自分で料理をするときには、たいてい買って帰る食材です。レタスをふくむ4種類の野菜の価格が、月ごとにどう変化してきたかをみたグラフが、図表3です。

これらの折線グラフは、2010年の平均価格を100として、それぞれの変化率を比較しやすいように描いたものです。形式的に物価指数として計算し、グラフ化しているのです。ですから、150とか50といった数字そのものにあまり意味はなく、それぞれのモノについて、価格が安いときと高いときにどれほどの差があるかなどをみてください。

まずは、レタスの価格変動を示す折線グラフに注目しましょう。低いときは60前後、高いときは140を超えたり、160を超えたりしています。たった1カ月で価格が2倍以上になったり、半値以下になったりするのが、レタスの特徴です。レタス中心のサラダをつくるための食材費は、毎月大きく変動するとわかります。

対照的に、価格がとても安定している野菜として、もやしがあります。価格はほとんど変動していません。ですから、他の野菜が値上がりしているときには、もやしを買って帰るという行動を取ると、長期的には食材のバリエーションを維持したうえで、食材費を大

図表3　野菜の価格の安定と不安定

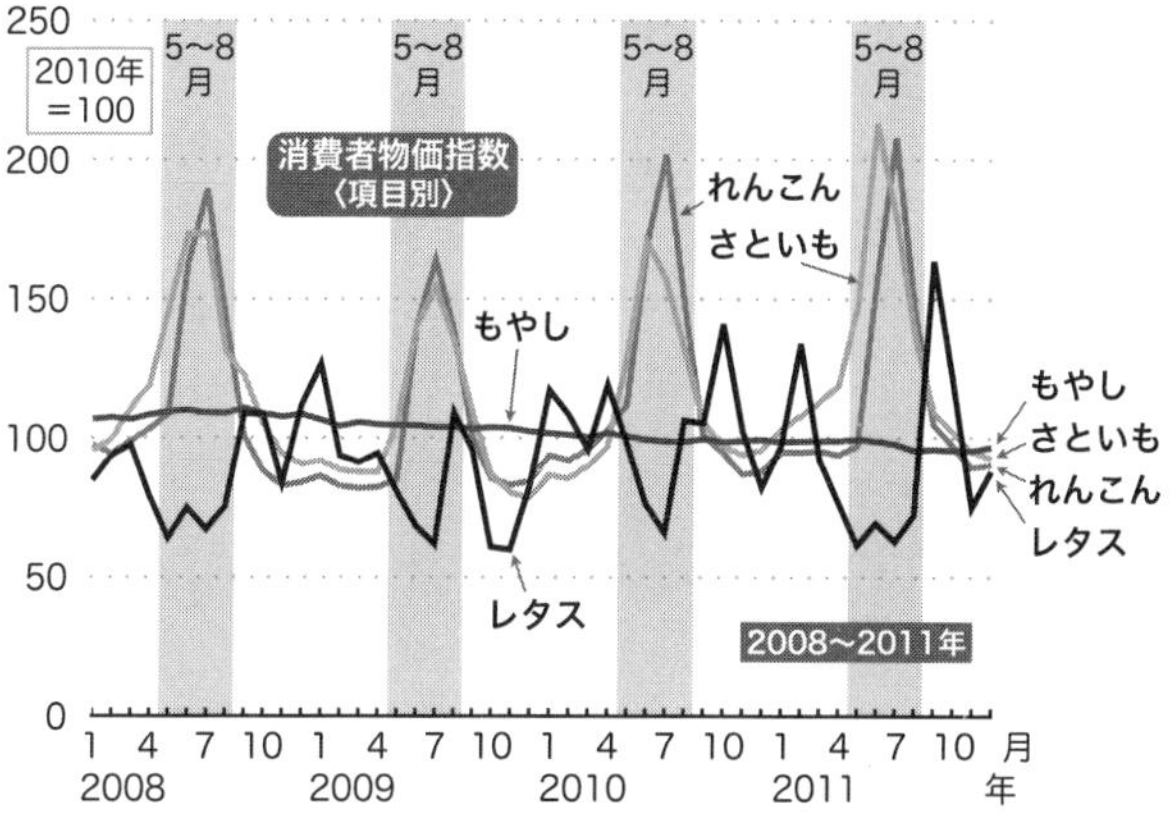

（出所）総務省ホームページ

幅に節約できます。もやしを使った料理があれこれつくれる主婦は、節約上手の主婦になれるのです。

†旬の野菜を食べることが節約につながる

改めて、図表3の4種類の野菜を比べると、価格変動の激しさも、変動パターンも、個々の野菜によって大幅に異なるとわかります。

そのなかで、さといも・れんこんの2種類は同じような価格変動をしています。……正直にいいますと、筆者は、さといも・れんこんのデータをみて「おかしいな」と感じたのでした。なぜか、わかりますか。

2010年の平均価格を100として指数化しているはずなのに、れんこんの2010

年のデータは、低くても87、高いと200を超えています。2010年の12カ月ぶんのデータを単純に平均すると、100よりずっと高くなってしまいます。

それで疑問に思ったのですが、じつは消費者物価指数のデータでは、生鮮食品については、月ごとの消費量のちがいも計算に入れて、加重平均をしているのです。……こうした経済統計がていねいに作成されていることがよくわかります。

この解説は、総務省の「統計局ホームページ」から「統計データ」→「消費者物価指数(CPI)」→「平成22年基準 消費者物価指数の解説」→「第3 基準時価格の算出」をみると、そのなかに書かれています。インターネット上にここまで詳細な解説があるのですから、本当に便利です。

さて、加重平均をしていることと、2010年を100として指数化していることを前提に、さといも・れんこんのデータをみると、6〜7月あたりの価格がとても高い時期には、消費量が大幅に減っているはずだと推察できます。もしこの時期の消費量が十分に多ければ、2010年の平均が100よりずっと高くなってしまい、それはありえないからです。……実際に、データをみて確認してあります。

さといも・れんこんは、夏には旬を外れていて、そのあとに旬が来ます。たくさん収穫できて、味も美味しい時期には、価格も下がる。他方で、旬からずっと外れた時期に食べようとすると、相対的に味が劣る野菜や、長く保存されていた野菜を、相対的に高い価格で食べるしかないことがふつうです。旬の野菜を選んで食べることが、美味しい食生活だけでなく、財布にやさしい食生活にもつながるのです。

結局、図表3の4種類の野菜のなかでは、レタスが一番、食材費の不安定の原因になりやすいといえます。みんなが、どの季節でもレタスを食べたがるためにそうなるのですが、……この論理についてきちんと納得するためには、経済学の基礎を学ぶ必要があります。44ページのコラムで説明をしていますので、参考にしてください。

さといも・れんこんのように、価格変動でみても旬がはっきりしている野菜は、旬の美味しい時期に食べ、レタスのような定番の野菜の価格が高くなったときには、もやしのように価格が安定した野菜に切り替えると、美味しいうえに節約上手な食生活になります。図表3のグラフからこれだけのことがいえるのですから、おもしろいと思いませんか。

†生の魚もまた、安いときに食べるのがいい？

筆者は、三重県の紀伊長島という、漁港として知られたところで生まれましたので、魚が好きです。さんま・あじが好きで、特にその干物が好きですから、図表4のグラフを作成してみました。

さんまの価格をみると、旬からずっと離れて、本当の旬のちょっと前に当たる8月前後に、突出して値上がりしています。ただ、先ほどのさといも・れんこんと異なり、価格が高い8月にもたくさん消費されているようにみえます。……もし8月の消費量が少ないなら、2010年の平均は100よりずっと低くなり、それはありえないことです。

加重平均の計算に使う月別ウエイトもインターネット上で公開されていますので、実際にみてみると、さんまの消費量が多い月は、1位が9月、2位が10月、3位が8月です。さんまは、脂がのって本当に旬とされる10月には、価格が大幅に下がります。安くなったら食べるという単純な消費行動をとれば、美味しく安いさんまを食べられます。

それなのに、初物《はつもの》が好きな人たちが8月からさんまを食べたがるため、価格が跳ね上がるようです。グラフをみると、価格変動がとても大きくなっていますから、8月にさんまを食べるのは、かなりの贅沢にみえます。10月に比べて5割以上高い価格で買うことになりやすいからです。

あじの価格は小刻みに変動していて、少し高くなったかと思えば、すぐに安くなったり

図表4　魚の価格の安定と不安定

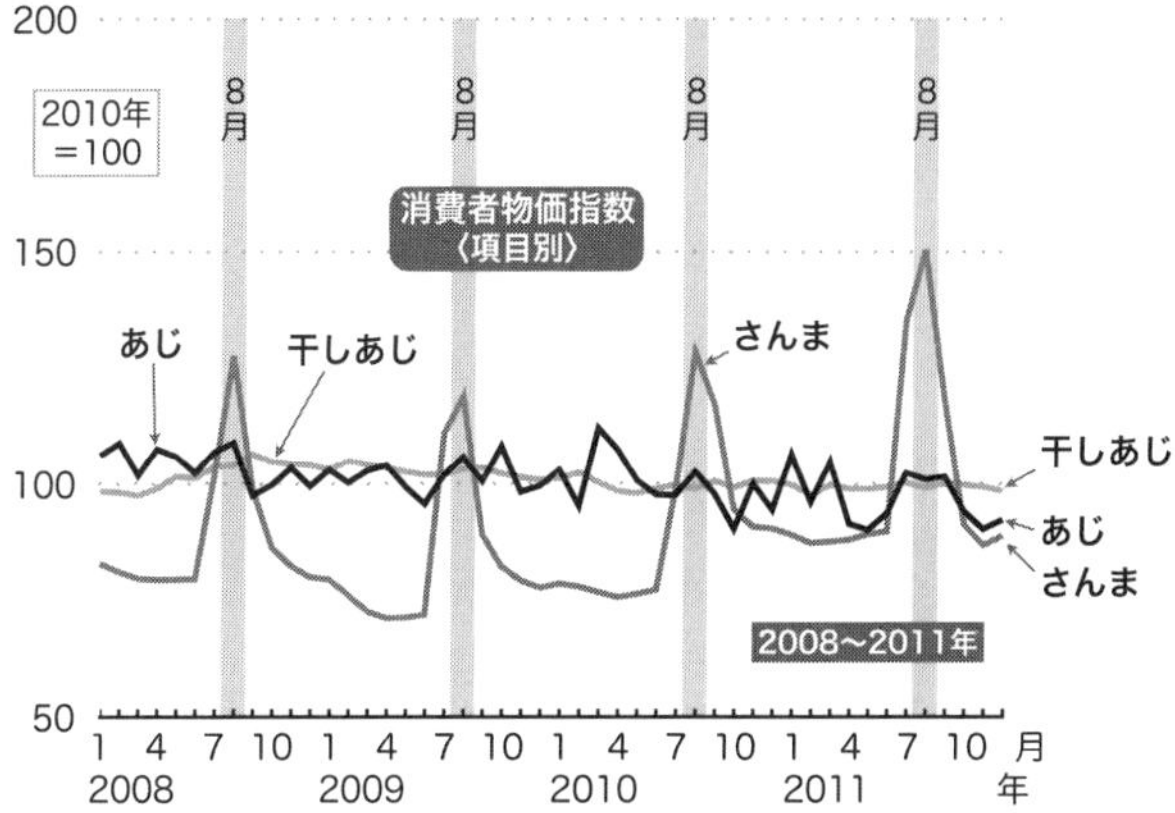

（出所）総務省ホームページ

します。1～2割の変動は十分に起きますが、2倍になったり、半値になったりはしません。また、干物になった干しあじは、価格がとても安定しています。筆者なら、8月には、生のさんまの代わりに干しあじなどの干物を食べたいところです。

飲料メーカーがトマトジュースより野菜ジュースを売りたい理由

買い物上手の賢い消費者になりたいなら、ときには、モノをつくるメーカーや、モノやサービスを売るお店の側から、価格をみることが必要です。

図表5では、トマトと、トマトをふくむ生鮮野菜、そして野菜ジュースの価格をみています。トマトの価格はとても大きな幅で上下

していて、数カ月で8割超の価格上昇があったり、暴落したりで、本当に不安定です。季節的な変動もありますが、2008〜09年のピーク時より、2010〜11年のピーク時のほうが、3割以上高い価格になっています。

これまでに紹介した価格のなかでは、トマトやレタスの価格変動パターンは、もやし・さといも・れんこん・さんまのパターンより複雑です。生鮮食品なのに、季節にかかわらずみんながよく食べるモノは、価格変動が読みにくいといえそうです。……この点の理論的な説明は、44ページのコラムでおこなっています。

ところで、コンビニやスーパーで野菜ジュースを探すと、トマトジュースに加えて、いろいろな野菜をブレンドした野菜ジュースが並んでいます。また、ひとつの飲料メーカーが、野菜の組み合わせを変えた数種類の野菜ジュースを発売していたりします。

生の野菜からジュースをつくって売る飲料メーカーの立場で考えると、トマトだけを原料にするトマトジュースは、経営を不安定にします。他方で、日本の消費者が平均的に食べる構成で生鮮野菜をミックスしたときの物価変動は、図表5にあるように、トマトだけの価格よりも安定しています。

野菜ジュースをつくる飲料メーカーは、コンビニやスーパーでほぼ一定した価格で売ら

図表5 トマトジュースより野菜ジュースを売りたい

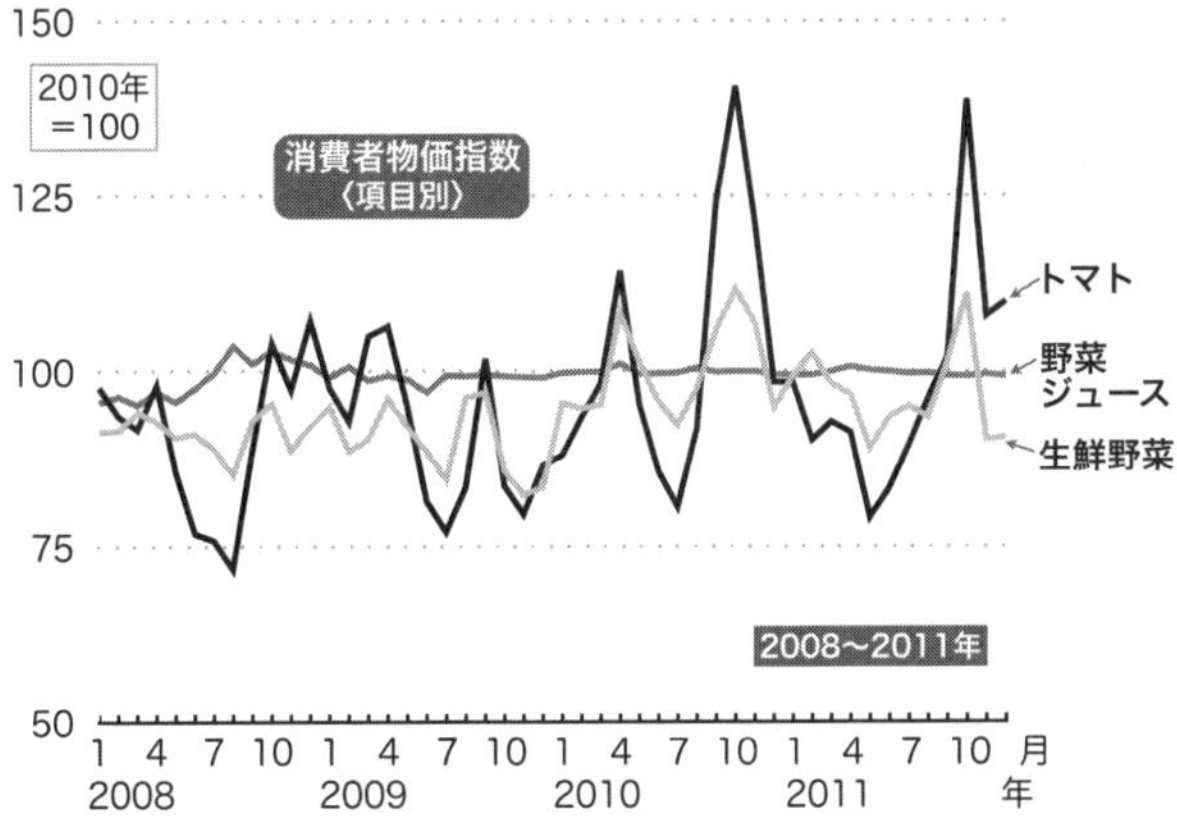

（出所）総務省ホームページ

れる野菜ジュースを、価格が不安定な野菜を原料にしてつくる必要があります。保存の技術なども進歩しましたが、余計なコストがかかります。だから、トマトジュースよりも野菜ジュースを売ることで、経営の安定をめざしているのでしょう。

ただし、もう一度図表5をみると、2009年9月から10年4月は、消費者物価指数での組み合わせの生産野菜とトマトが、ほぼ同じような価格変動になっています。野菜ジュースをつくるとき、たくさんの種類の野菜を異なる比率でブレンドしたものをいくつも開発している理由のひとつが、ここにあるように思えます。

コラム

経済データから、ちょっとだけ経済学へ

本書で取り上げているいろいろな経済データについて、もう少し深く読み解きたいと感じたなら、経済学（経済理論）を学んでください。わかりやすく経済学の基本を学ぶための本は、たくさん出版されています。

このコラムは、経済学の基礎理論を学ぶと、本章で取り上げたデータの解釈がどのように深まるのか、ちょっとだけ示すものです。

図表3から図表5までで取り上げた「個々のモノやサービスの価格」について分析するための経済理論は、**ミクロ経済学**（価格理論）と呼ばれます。また、あとの図表10で取り上げる「消費者物価指数（日本全体でのいろいろなモノやサービスの総合的な変動）」について考えるときの基礎理論は、**マクロ経済学**（所得理論）と呼ばれます。

大学の経済学部では、ほぼすべての学生がこのミクロ経済学とマクロ経済学を学びます。基礎理論だからです。そのあと、金融論、財政学、国際経済学、公共経済学、経済政策論、産業組織論、国際金融論、労働経済学、開発経済学、環境経済学、農業

経済学、ファイナンス論、ゲーム理論、情報経済学、行動経済学、実験経済学、計量経済学、産業連関分析、日本経済論、生活経済学など、各分野の経済理論を選択して学ぶことになります。

ミクロ経済学とマクロ経済学、どちらがより基本となるかといえば、ミクロ経済学です。そして、ミクロ経済学の中心として**需要・供給曲線**と呼ばれる分析ツールがあります。この経済学の基本分析ツールといえる需要・供給曲線を使って、野菜や魚の価格について考えてみましょう。

図表アにあるような、需要曲線と供給曲線を使います（わかりやすく図解するため、図中では直線ですが、直線は曲線の特殊ケースだと考えます）。縦軸に価格を、横軸に数量をとって、価格に応じて「需要（消費者による購入）」と「供給（生産者による販売）」の数量がどう変化するかを、2つの線で示しています。

消費者は、ふつう、価格が高いと購入数量を減らし、価格が安いと購入数量を増やすでしょう。たとえば、価格が450円なら20個しか買わず、150円まで安くなれば、60個を買うと想定して描いたのが、図表アのなかの需要曲線です。このように、通常の需要曲線は〝右下がり〟になると考えます。

図表ア

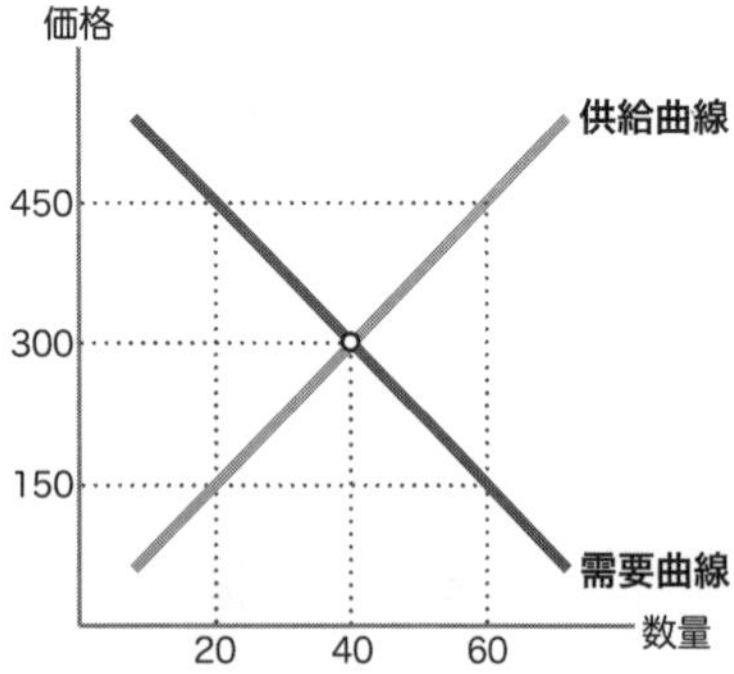

他方で生産者は、ふつう、安い価格で売るのを嫌がり、高い価格なら喜んで売ります。たとえば、価格が150円なら20個しか売らないけれども、450円まで値上がりすれば、60個を売りたいと想定して描いたのが、図表アのなかの供給曲線です。このように、通常の供給曲線は〝右上がり〟になると考えます。

実際には、モノやサービスの種類が異なれば、需要・供給曲線の形状は異なります。また、季節などが異なれば、需要・供給曲線の形や位置が変化します。レタスやトマトのような野菜であれば、図表イのような需要・供給曲線になります。

レタスやトマトは、いまやどの季節でも毎日のように消費される野菜です。価格が高くてもレタスやトマトの消費量を減らさない人やお店が多いと、需要曲線の傾きは急になります。

他方、鮮度が重要な野菜の供給曲線も、傾きは急になります。わかりやすくするために、その日に収穫した野菜は必ずその日に売るとすれば、価格がいくらであっても販売数量は変わらないのですから、供給曲線は垂直になります。

いずれにしても、価格の変化に対する数量の変化が小さいときには、需要曲線も供給曲線も、傾きが急になり、極端なケースでは、垂直あるいは垂直に近くなります。

図表イ

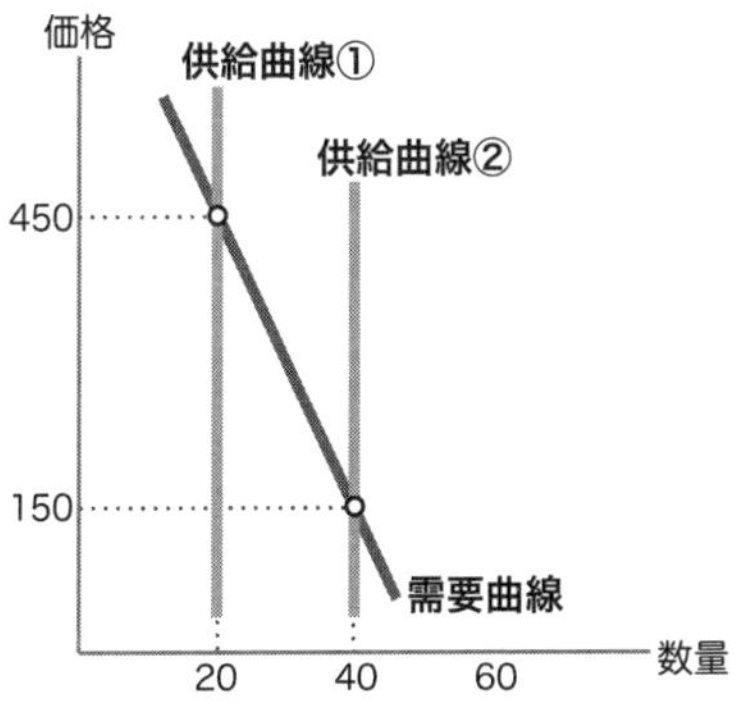

そして、野菜の収穫数量は季節・天候などのいろいろな要因によって、大幅に変動します。図中の供給曲線①のようになったり、供給曲線②のようになったりするわけです。そして、需要・供給曲線の分析では、価格は2つの線が交わるところで決まると考えます。

このあたりは別の考え方もできるのですが、基本の理論では、需要と供給が一致してこそ現実の取引がおこなわれるはずだとみなします。野菜や魚の価格は、この分析が当てはまりやすいとされています。

すると、供給曲線①のときには、価格は450円になり、たとえば翌月に、それが供給曲線②に変化すると、価格は150円まで急落します。また、供給曲線が右から左に移動（シフト）すれば、価格は上がります。

図をよくみると、野菜の収穫数量の変化に応じて価格が大幅に上がったり下がったりするのは、需要曲線の傾きが急なときだとわかります。価格が高くてもその野菜の消費を減らさない消費者が多いときにこそ、その野菜の価格は大幅に上下しやすいのです。

レタスやトマトはこれに当てはまりやすく、だから実際に、37ページの図表3や43ページの図表5のように、レタスやトマトの価格は大幅に変動しています。じつは、本文で「生鮮食品なのに、季節にかかわらずみんながよく食べるモノは、価格変動が読みにくい」と筆者が解説したのは、そうした食品の価格データをすべて調べたうえでの結論ではなく、需要・供給曲線の分析に基づくものでした。

こうして、個々のモノ・サービスの価格はそれぞれに関連する要因に応じて、バラバラの方向に動きます。生活における重要度が高いモノやサービスの価格は変動しやすく、それを無理に防ごうとすると、経済効率が下がります。……ここから先の話、たとえば、個々の価格変動が果たす役割についてさらに学びたい人は、ぜひ、ミクロ経済学の入門書をお読みください。

†家電製品の価格下落と品質上昇の両方が、物価を下げる

長く日本経済を牽引してきた企業（会社）といえば、いろいろな機械製品をつくるメーカーだと答える人が多いでしょう。近年は、有名な機械製品のメーカーでも、きちんと儲けが出ている企業もあれば、儲からずに苦しんでいる企業もあり、日本の製造業をいかに復活させるかが議論されたりします。

世界に名を知られた日本の有名メーカーは、いまでも技術的には世界トップクラスを維持しているけれども、企業の経営（ビジネス）のやり方が下手なところが多いとの指摘もあります。技術力があり、その時点で最高レベルの製品がつくれるのに、ビジネスのやり方が下手で、儲けられないケースでは、共通して起きる現象があります。

図表6 パソコンやデジカメはどんどん安くなってきた

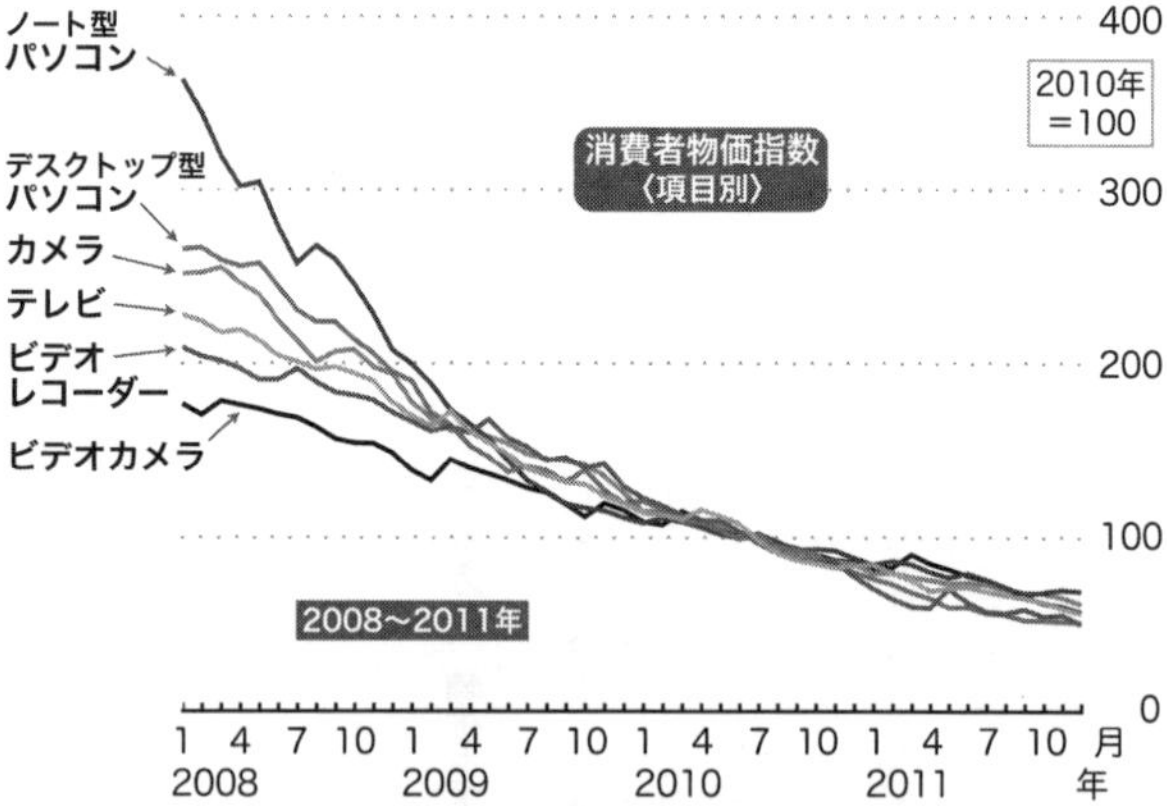

（出所）総務省ホームページ

価格の下落が止まらないという現象です。現実の経済やビジネスは複雑で、製品価格が下落し続けたとしても、必ずメーカーの経営が悪化するというわけではありません。しかし、製品価格の下落がメーカーを苦しめるケースは、実際に多いのです。

いろいろな工業製品のうち、私たちが個人で買いそうな製品のいくつかについて、価格変化をみてみましょう。図表6は、どんどん価格が下がってきた工業製品を取り上げています。家電量販店と呼ばれる店などで販売されている、ノート型パソコン・デスクトップ型パソコン・カメラ・テレビ・ビデオレコーダー・ビデオカメラの価格は、2008年1月から11年12月までのあいだに、大幅に下落したとわかります。

これらのうち、一番下落率が大きかったノート型パソコンの価格は、約4年間で5分の1未満にまで下がっています。家電の代表といえるテレビの価格は、ほぼ4分の1に、相対的に下落率が小さかったビデオカメラでも、3分の1未満になっています。すごい下落率です。

図表6のグラフは2011年までのデータをみていますが、2012年には価格下落のスピードが加速していました。たとえば、同年10月25日の日本経済新聞・朝刊の1面トップ記事は、見出しが「デジタル家電、半年で半額」となっていました。

ところで、消費者物価指数の統計データはとてもきちんとしていて、品質の変化なども調整しています。基本性能が大幅にアップしたり、新しい機能がついたり、逆に、なんらかの機能が外れて別売りの部品で提供されるようになったりで、いろいろな品質変化がある工業製品については、できるだけその変化を調整して指数化しているのです。

価格はそのままで性能が上がったときには、実質的には、価格が下がったと感じます。たとえば、モデルAとモデルBの2つのパソコンがあったとして、モデルAの価格は8万円、モデルBは10万円だったとします。いつもモデルBのほうが性能は高いのですが、モデルチェンジの結果、新型のモデルAは、ちょうど旧型のモデルB（価格10万円）と同じ性能になったのに、価格は8万円に据え置かれたとします。

モデルAの価格は、旧モデルから新モデルに変わっても、表面上は8万円で変わりません。しかし、性能はアップしたのだから、そのぶんだけ実質的な価格は下がったとみなすのが、消費者物価指数の統計での考え方です。10万円の旧型のモデルBと同じ性能が、8万円で手に入るようになったのですから、実質的には20％の値下がりが起きたとみなすのです。

他にも、お菓子の袋に入っているお菓子の重量などが変われば、1袋での表面上の価格は同じだとしても、重量比での価格は変化します。そういった、重量を増やすかたちでの実質的な値下げや、逆の、重量を減らすかたちでの実質的な値上げも、消費者物価指数に反映されるしくみになっています。

†自動車とプリンタのメーカーは価格をうまく維持している？

テレビやパソコンの価格下落はなかなか止められないようですが、これは、テレビやパソコンを製造するメーカーが価格決定の主導権を失っていて、テレビを販売する家電量販

図表7　ゲーム機の価格はメーカーが決めている？

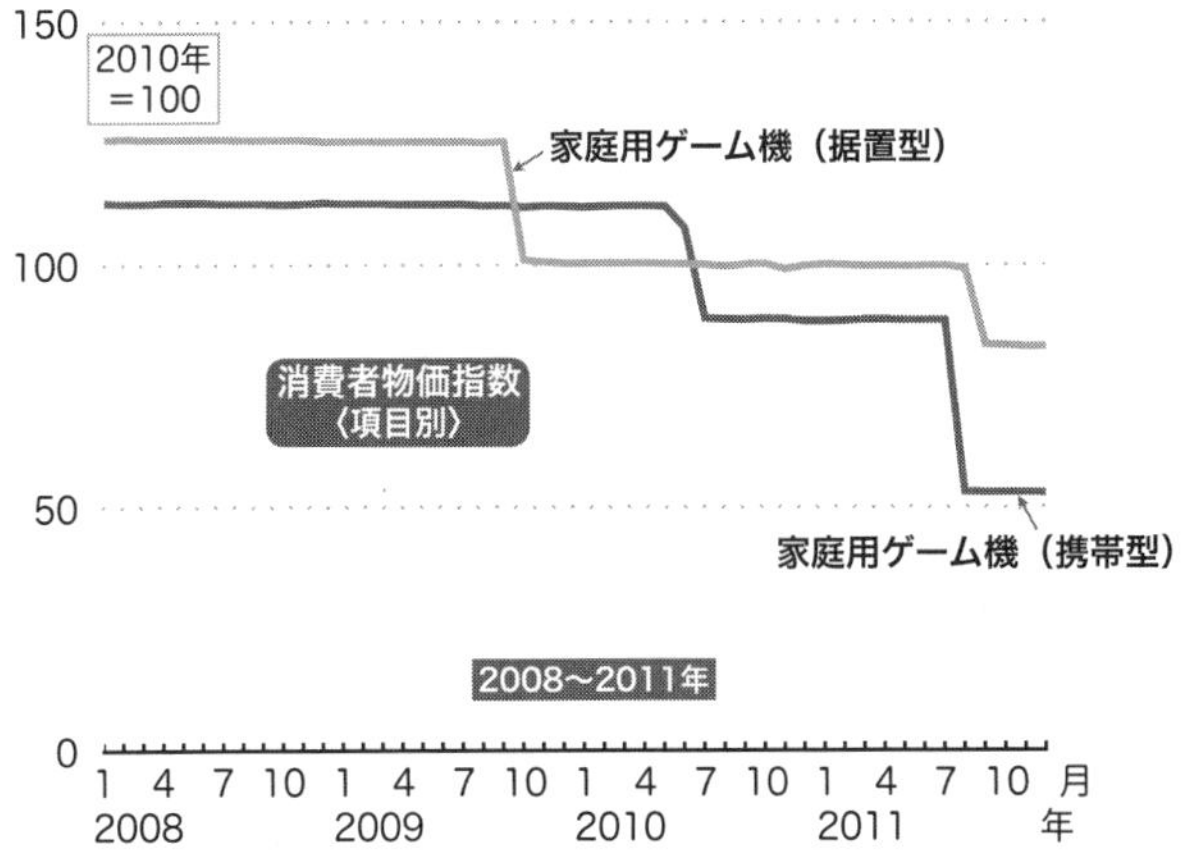

（出所）総務省ホームページ

店などが価格変化に強い影響を与えているからだ、と指摘されたりします。他方で、価格決定の主導権をきちんと保持しているメーカーもあります。

ひとつは、家庭用ゲーム機のメーカーです。家庭用ゲーム機は、基本的に、メーカーが設定した価格で販売され、時間が経過しても価格が維持されます。

これを示したのが図表7で、ときに値下げがありますが、それもメーカーが主導しておこなってきました。もちろん、販売店や消費者の行動が間接的な影響をもちますが、直接的な関係としては、ゲーム機の価格はメーカーが決めているようにみえます。

図表7では、据置型と携帯型の両方のゲ

ーム機について価格の推移をみていますが、携帯型のほうが値下げの間隔が短く、また、2011年の値下げ幅が大きくなっています。縦軸の目盛をよくみてください。1年半で半値未満にまで急落しています。iPhoneなどのスマートホンが普及し、ゲームはケータイ上で遊ぶという人が増えたことが影響したと考えられます。ゲーム機メーカーの苦悩が、ゲーム機の価格のグラフにあらわれているといえます。

さて、製品価格を維持することが上手なメーカーとして、自動車メーカーを挙げることができます。自動車メーカーは、原則として、自社系列の販売店を通じてクルマを売っています。だから、価格を維持しやすいわけです。

実際に、図表8にあるように、乗用車の価格は4年間でほとんど変化していません。縦軸の目盛をよくみてください。数%の変動しかないとわかります。日本の自動車メーカーは、政府からの支援も得やすく、エコカー減税・補助金などのかたちで値下げ効果を得ながら、メーカー自体は値下げ競争に陥らないようにしています。

とはいえ、なかなか値下げをしないことで、日本の乗用車販売はどんどん減っています（あとの76ページの図表15で示します）。価格決定の主導権を握っているからといって、経営（ビジネス）が順調だとは限らないのです。

図表8　自動車メーカーは価格をコントロールできている

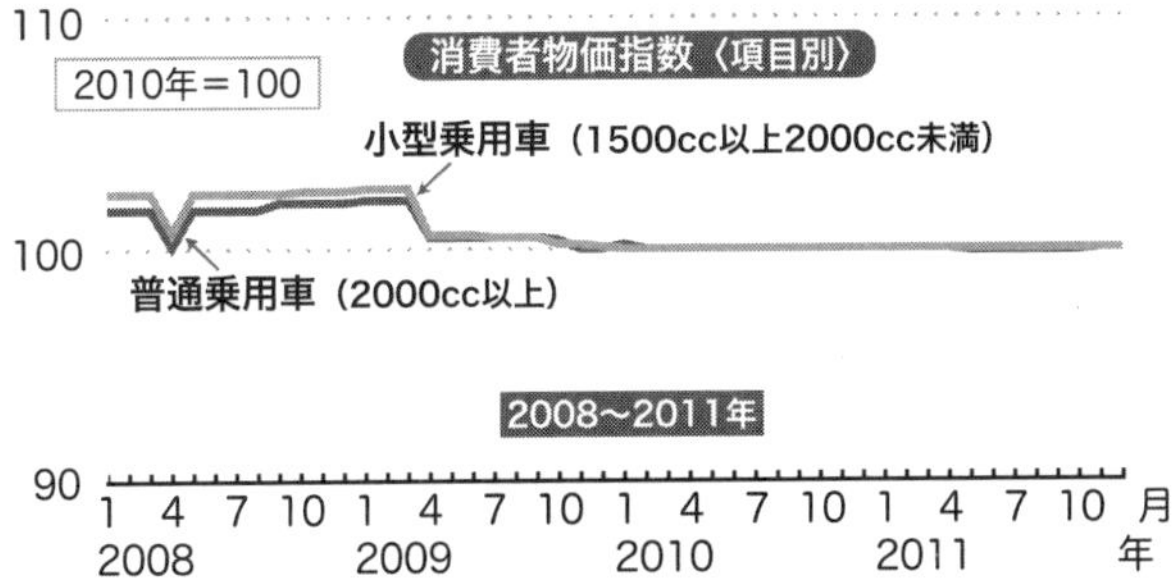

（出所）総務省ホームページ

　また、海外では自動車の値下げ競争が起きることがあり、日本国内でも、自動車販売のルートに少しずつ変化が生じています。……この点については、拙著『クルマは家電量販店で買え！』（ダイヤモンド社、2008年）で指摘しました。

　消費者物価指数の統計のなかにある機械製品の価格をみていて、価格戦略が巧みだと筆者が感じたメーカーは、プリンタのメーカーです。図表9に、プリンタそのもの（本体）と、プリンタ用インクの価格推移を示しました。

　プリンタ用インクの価格はほとんど変化していません。価格戦略の本がプリンタメーカーを取り上げるときに、このようなインクの価格安定に注目し、「プリンタメーカーは、プリンタ本体を安く売って、利益はインクで稼ぐ」といった解説をすることがあ

図表9 プリンタのメーカーが強い理由

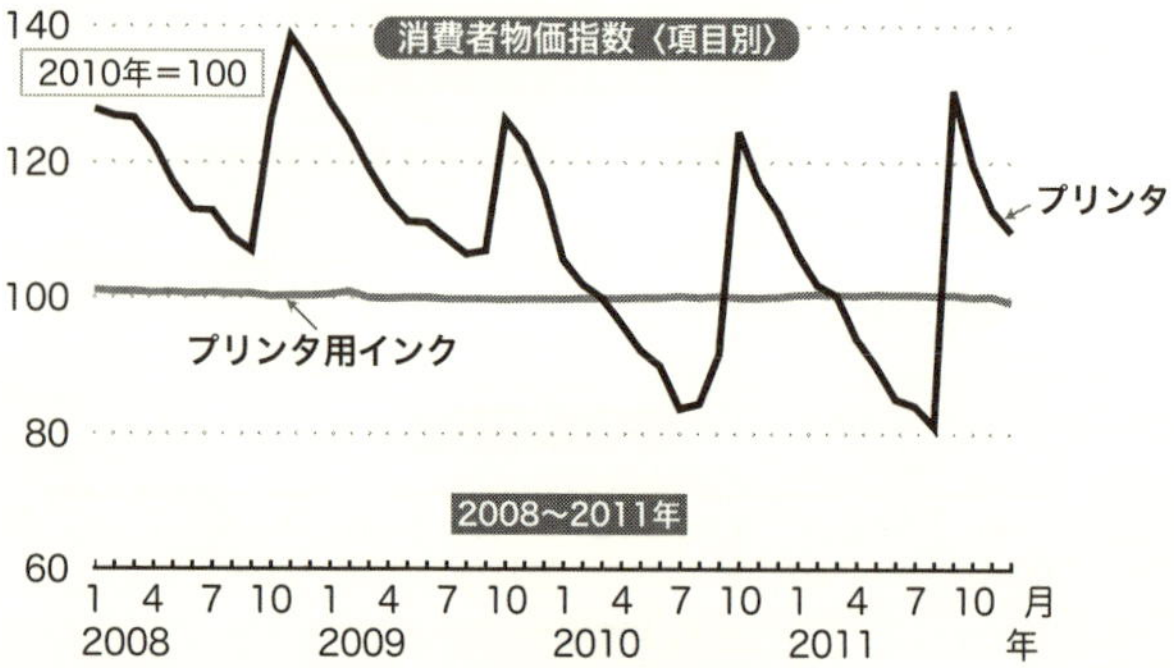

（出所）総務省ホームページ

ります。たしかに、インクの販売から大きな利益を得ていそうです。

しかし、図表9をみると、プリンタメーカーの価格戦略のすごさは、インクの価格よりもプリンタの価格にあらわれていると感じられます。プリンタはパソコンやデジカメなどと並んで家電量販店などで売られますから、プリンタの価格もずるずると安くなりやすく、冬から春を経て夏にかけて実際に安くなります。ところが、夏から秋にかけて、必ず価格を戻してきました。モデルチェンジの際に、巧みに価格を戻しているのです。

家電量販店でテレビやパソコンやデジカメなどを買うとき、「以前買ったときよりずっと安くなった」と感じるのがふつうで、だから、家電製品はどんどん安くなっていると思い込みやすいのですが、プリンタのように、年ごとでみればほとんど安くなっていないモノもあるのでした。
消費者物価指数の統計で、ひとつひとつのモノ・サービスの価格をみると、いろいろなことがわかって興味深い。そう感じていただけたでしょうか。ここで取り上げたのはほんの一部ですから、みなさん、自分の興味に応じて調べてみてください。

†消費者物価がなかなか上がらない日本

いよいよ、すべての品目の価格を総合した消費者物価指数の推移をみてみましょう。1970~2011年の日本の消費者物価指数をグラフ化したものが、図表10です。ずっと上昇傾向にあった消費者物価指数ですが、1998年10月をピークとして、わずかな低下傾向に転じました。

物価は上がり始めると、上がり続けやすく、継続的な物価上昇を**インフレーション**（略して**インフレ**）と呼びます。物価指数にはいろいろな種類がありますが、消費者物価指数がもっとも注目されやすく、そのため、消費者物価上昇率のことを**インフレ率**と呼んだりします。……ただし、他の物価指数の上昇率をインフレ率と呼ぶこともあります。

インフレとは逆に、特別な事情がないのに物価が下がるのは、よほど景気が悪い状態で

図表10 日本の消費者物価は長期低迷中

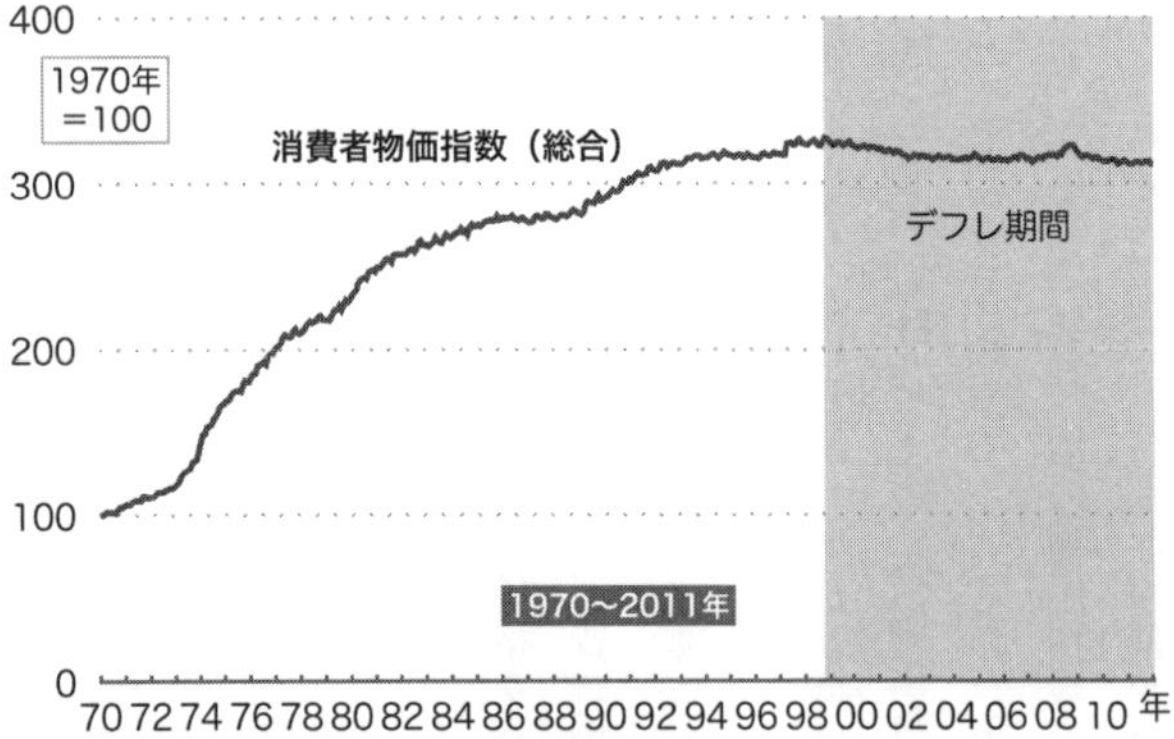

（出所）総務省ホームページ

あることを示しており、**デフレーション**（略してデフレ）と呼ばれます。人によって、①単に「物価が下がること」を、デフレという人もいますが、②「物価が下がってしまうほどの深刻な不況（景気が悪い状態）」を、デフレという人もいます。

②の意味でのデフレは、大きな経済問題です。また、人びとの賃金が上がらず、全体的に賃金が下がってしまう現象は、**賃金デフレ**と表現されます。賃金デフレもまた、重大な経済問題だといえます。

さてここまで、各品目の価格データと、すべての品目を総合した消費者物価指数のデータをみてきました。つぎに、主要項目別の物価動向をグラフ化して、消費者物価指数のグラフに重

図表11 どんどん重くなってきた教育費の負担

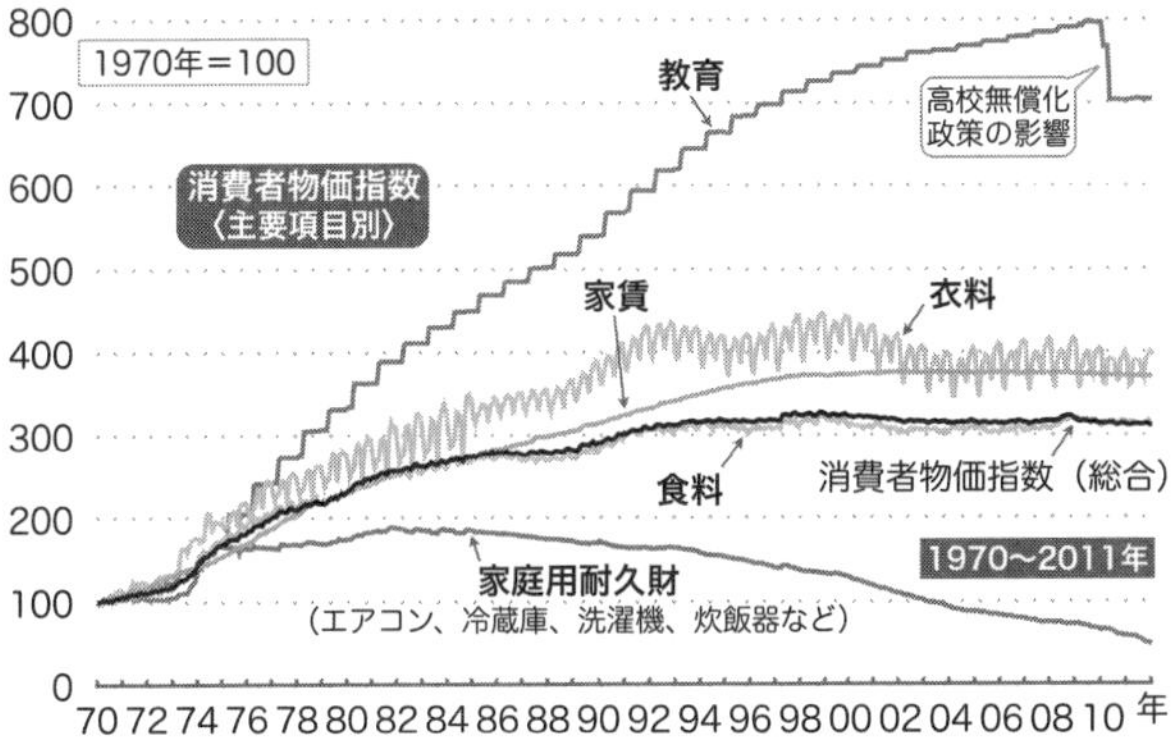

（出所）総務省ホームページ

ね合わせたのが、図表11です。

　食料の物価変化を示すグラフが、消費者物価指数のグラフとほぼ重なっています。他の項目の物価も消費者物価指数に影響を与えているはずですが、上昇と下落が相殺されているようです。1998年秋を境にデフレに転じてから、少し物価が下がる傾向にあるのが、衣料で、ほぼ変化しなくなった（強いていえば、微妙に下がっている）のが、家賃です。もっと前から明確な下落傾向にあるのが、家庭用耐久財の価格です。

　このようにほとんどの項目でデフレ傾向が明確ななかで、ひとつだけ、デフレとは無関係に上昇を続けてきた項目があります。「教育」です。このなかには、学校の授業料などがふくまれます。高校の無償化政策がおこなわれた影響で、2010年には大幅に下落していますが、これは政府の教育政策によるイレギュラーな変化です。

また、各種の習い事の月謝なども上がり続けています。子育て家庭は、デフレがなかなか実感できないでしょう。逆に、子育てにおカネがかからない家庭は、デフレが実感しやすいはずです。

†物価について国民が望むこと

どんな国でも、消費者物価指数は注目度が高い経済データです。日本では1990年代から20年以上、ほとんど変化していない感じですから、物価の動きを気にしない国民が多くなっています。しかし、たいていの国では、消費者物価はある程度上昇するのがふつうです。

もし、消費者物価がこれから1年で10%上昇するなら、生活にかかる費用が10%余計にかかるようになるわけですから、できれば、給料(賃金)も10%以上は上がってほしいという話になります。それなのに給料が上がらないなら、これまで買っていたモノやサービスを10%節約しないと、金銭面で生活に困るかもしれません。

消費者物価がある程度以上変動する国に住む人たちは、どうしても、消費者物価の変化率を意識せざるをえないのです。たいていの国では、消費者物価の動きは国民の関心事になるということです。そして日本でも、消費者物価がなかなか上がらない状況をどうするかが、経済政策の論点のひとつになっています。国民はさほど気にしていないとしても、日本経済の現状や政策を論じる人たちのあいだでは、強く意識される経済指標なのです。

消費者物価に対する私たちの望みは、じつはかなりむずかしい内容となっています。第1に、私たちは、個々のモノやサービスの価格は、人気などに応じてバラバラに動いてほしいと願っています。

たとえば、本章前半で示したように、野菜や魚がそれぞれの旬の時期に安くなるのは、私たちにとって望ましいことです。逆に、食材の価格がみんな同じ変動パターンで上がったら、「この食材に変えて食材費のアップを避ける」といったことができません。だから、個々のモノやサービスの価格は、できるだけバラバラに動いてほしいのです。

第2に、経済全体での消費者物価指数の動きは、安定してほしい、しかも、少しずつ上昇し続けてほしいと願っています。大幅に上がるのは嫌で、また、ほんの少しであっても下がってしまうのは嫌で、理想としては、たとえば年2%前後という微妙な上昇率を維持してほしい、と求めています。

もちろん、消費者物価の動きをいつもきちんとチェックして、経済政策を考えることで、消費者物価をコントロールしたいのですが、そうした経済政策が成功するとは限りません。日本が長期にわたってデフレ（消費者物価の下落傾向）からの脱出に成功できなかったように、多くの国が、消費者物価をうまく制御できずにいます。

そのため、消費者物価指数の統計データは重要度が高く、細かなところまで工夫して作成されています。だからこそ、その統計のなかから個々のモノやサービスのデータを抜き出してチェックするだけでも、いまの現実の経済をみるためのいろいろなヒントが得られます。一度、あなたが個別に興味をもつモノやサービスに注目して、消費者物価指数の統計を調べてみてください。

考えてみよう！

練習課題A

図表Aには、飛行機と新幹線の運賃（旅客サービスの価格）の推移が示されています。

なにか、両者に共通する点を挙げて、その理由を考えてください。答えはひとつではありません。どんな共通点に気がついたとしても、その理由がうまく説明できれば、正解といえます。わかりやすい共通点が、少なくともひとつはあります。

（答えは２２５ページ）

図表A　飛行機と新幹線の運賃の季節変動

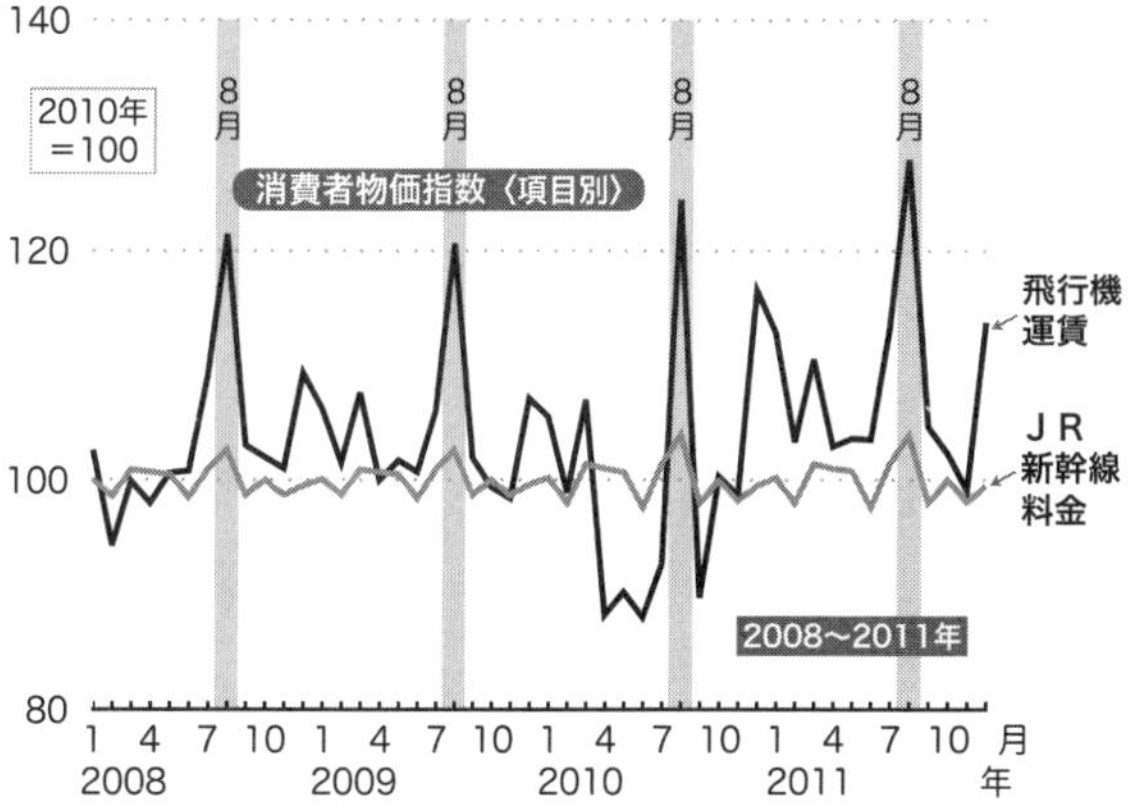

（出所）総務省ホームページ

練習課題B

図表Bを参考にして、じゃがいもとポテトチップスの価格について考えてみましょう。

筆者は、過去に「じゃがいもの値上がりが原因で、ポテトチップスの価格が上がる」というニュースを何度かみたことがあります。たしかに、ポテトチップスの原料はじゃがいもですから、じゃがいもの価格がポテトチップスの価格に影響を与えるのは当然だと思っていました。

ところが、両者の価格推移を並べてみると、図表Bのようになっています。あまり連動しているようにみえませんが、読者はどう感じましたか。これ以上の分析には、別のデータや経済知識が必要になりそうですが、読者自身で「じゃがいもとポテトチップスの価格がさほど連動していないのはなぜか?」を考えてください。

（答えは225ページ）

図表B　じゃがいもとポテトチップスの価格の関係

（出所）総務省ホームページ

第２章

産業の動向

†ケータイの会社同士の競争は意外に激しくない？

第1章で取り上げた〝価格・物価〟は、経済の基本中の基本データのひとつでした。価格と並ぶ基本データとして、〝数量〟と〝金額〟があります。いくつかの産業について、数量と金額のデータをみてみましょう。まずは数量のデータから始めます。

いまや日本人が平均でひとり1回線は契約している、**ケータイ（携帯電話）**での通話・通信サービスについて、その契約数をキャリア（携帯電話サービスを提供する企業）別にみたのが、図表12です。2006年末と11年末の契約数の残高を比べています。……11年末の契約数（1億2607万回線）は、日本の人口（同年10月1日現在の推計で1億2624万人）に近い数字です。

1位のNTTドコモ、2位のau、3位のソフトバンクの主要キャリア3社が競争しながら、市場規模を拡大させてきたことがわかります。テレビのCMなどをみていると、ソフトバンクが積極的に攻勢を仕掛けてきたようにみえます。いろいろなかたちで料金を引き下げ、スマートホンへの移行を先取りして、ドコモとauを猛追してきたのがソフトバンクでした。

図表12 ソフトバンク猛追でも、順位は変わらず

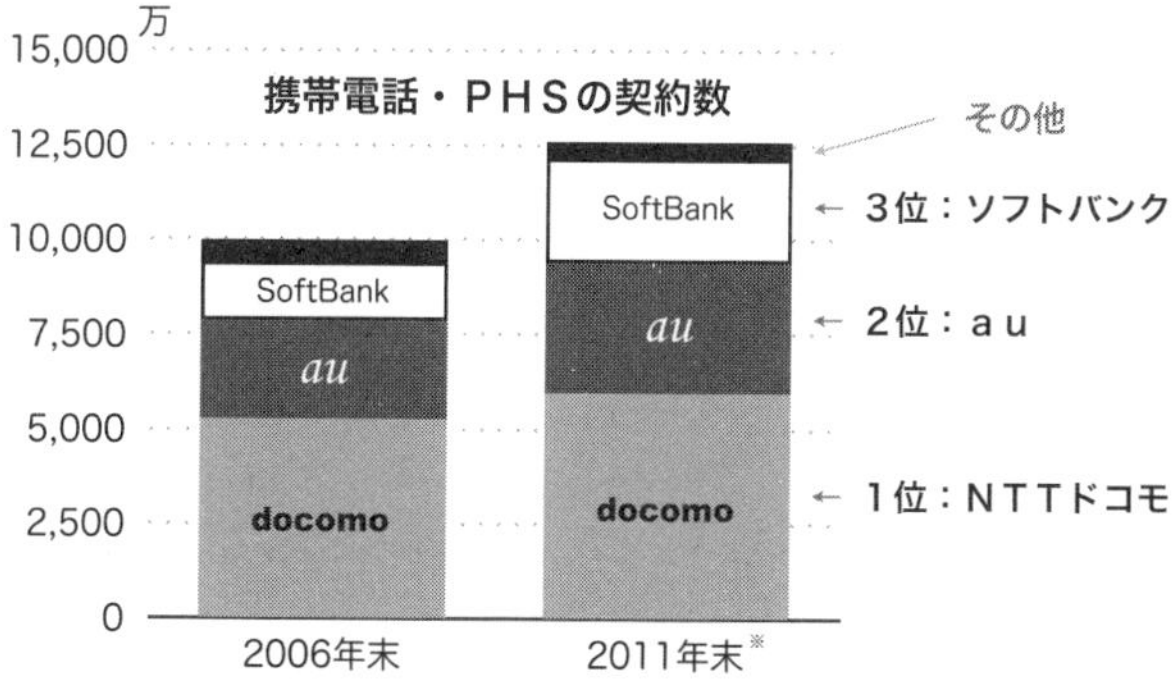

※EMOBILEを除く（イー・アクセス社が下記機関への情報提供をやめたため）。
（出所）社団法人電気通信事業者協会ホームページ

ケータイの主要キャリア3社は、他社から自社に乗り換えてくれる客にはいろいろな値引・キャッシュバック・景品を用意して、派手に客を奪い合う競争をしているようにみえます。……でも、本当に、3社の競争は激しいのでしょうか。

図表12をみると、意外にも、この期間の3社はさほど激しい競争をしてこなかった気がします。この評価は、①3社とも契約数を伸ばしていて、②1位から3位までの順位も同じで、③その他のキャリアが契約数を伸ばせずに苦戦している、といった点から結果論で述べているだけです。

競争が激しい業種では、5年も経てば順位の逆転や新規参入者の急成長などがあるのが

ふつうですから、ケータイの主要キャリアの２００６年末から11年末にかけての競争は、結果としては緩やかなものだった、と評価することもできそうです。

図表12で示したような、ある産業のビジネスについての基礎データは、たいていの場合、その産業の主要企業が加盟する業界団体がとりまとめています。ケータイの場合、**電気通信事業者協会**という団体があり、そのホームページからデータを得ました。

インターネット上で、こうした業界団体のホームページをみつけるには、キーワード検索が便利です。調べたいモノやサービスの名称と「統計」の２つの単語をキーワードにして、検索してみましょう。たぶん、検索結果上位のいくつかのなかに、めざすホームページがあるでしょう。

もしうまくみつからない場合は、モノやサービスの名称を少し変えて、検索をくり返してください。ただし、統計をインターネット上で公開している業界団体が存在しない可能性もあり、インターネット上で統計データを探すというやり方は、決して万能ではありません。個別産業について調べるときには、データが調べやすい産業と、そうでない産業があることを覚悟しておきましょう。

コラム

規模の経済性

ひとつの企業がモノ・サービスを生産するときには、ひとつの種類のモノ・サービスを大量につくることで、モノ1個（サービス1回）当たりのコスト――平均コスト（平均費用）をどんどん安くできることがあります。この性質を規模の経済性と呼びます。

規模の経済性が働かないモノ・サービスもありますが、現代社会で実際に大量生産されているモノ・サービスのほとんどで、規模の経済性は働きます。生産と販売を一貫して同じ企業がおこなっているとして、他の条件が同じなら、たくさん売る企業ほど、ライバル企業よりもモノ・サービスを安く生産できるのです。

だからこそ、ライバル企業との「シェア（市場占有率）争い」が重要になります。シェアでナンバーワンになれば、規模の経済性の恩恵を他社より大きく受けることができるからです。現実のビジネスは、そこまで単純ではありませんが、この原理は強力に効いています。

規模の経済性を考えれば、トップ企業は自然にどんどん有利になり、それ以外の企業は、自然にどんどん不利になります。そして、スマートホン市場でのAppleのように、規模の経済性を最大限に活かしたビジネスをしている企業は、とても高い利益を効率よく稼ぐことができます。

企業同士の熾烈な競争について考えるときには、規模の経済性というキーワードをいつも意識しておくことが大切です。

†酒場でのカラオケは日本の現代文化のひとつ

若者にも年配者にも身近なサービスをもうひとつ取り上げましょう。**カラオケ**です。カラオケの場合には、**全国カラオケ事業者協会**という業界団体があり、そのホームページでデータを調べました。なお、今度は数量と金額の両方のデータをみましょう。

カラオケサービスを提供するための業務用カラオケ装置が、日本全国にどれだけの台数あるかを、図表13の右側のグラフで示しました。設置台数をみると、カラオケボックスに

図表13 売上ならボックス、台数なら酒場が最大の市場

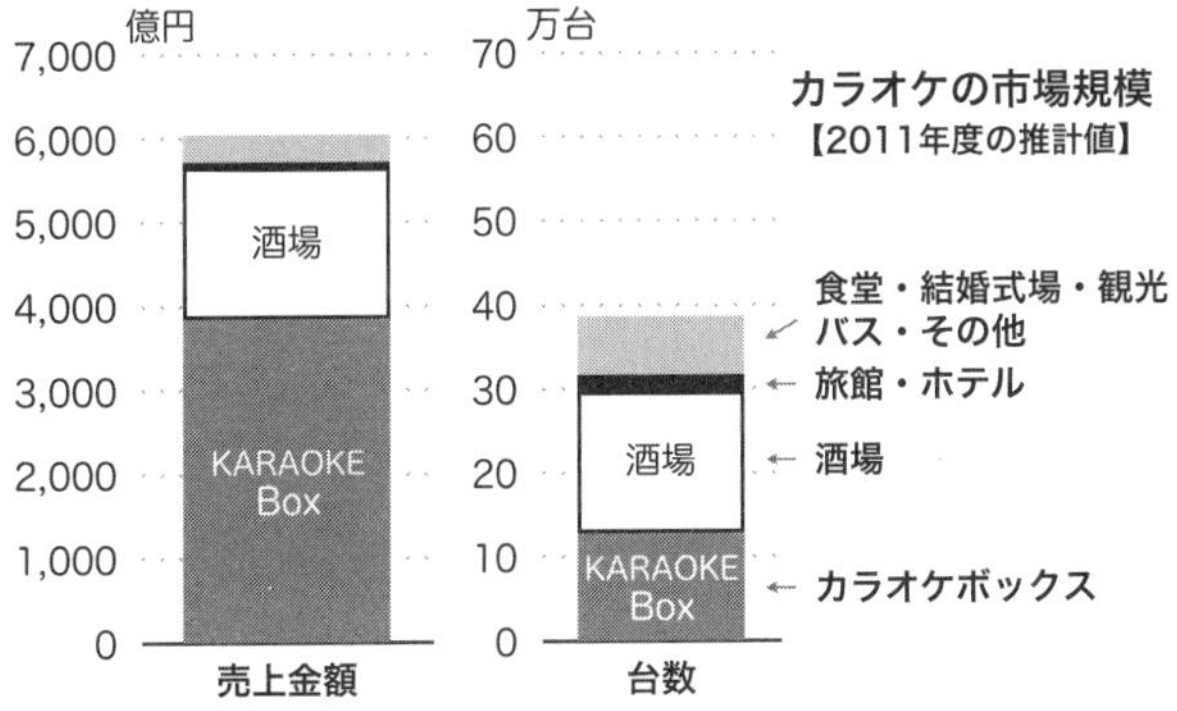

（出所）全国カラオケ事業者協会ホームページ

13万台、酒場に17万台で、あわせて30万台です（全国カラオケ事業者協会による２０１１年度の推計値）。

全体で40万台弱ですから、４分の３超が、カラオケボックスか酒場にあるのですが、台数だけなら、酒場のほうがカラオケボックスを上回っています。酒場でカラオケを熱唱するのは、日本の現代文化のひとつといえます。

ただし、図表13の左側のグラフで売上金額（売上高）をみると、年間６０５４億円の売上のうち、６割超の３８５０億円をカラオケボックスが占めています。これに対して、酒場のカラオケ売上は１８０６億円で、カラオケボックスの半分にも達しません。酒場のカラオケは、主に夜にしか稼働しないのに対し

て、カラオケボックスは昼夜を問わずに24時間稼働していることが多いので、このような結果になったのでしょう。

形があるモノを売るのと異なり、カラオケサービスのように形のないサービスを売る場合には、設備の〝稼働率〟がとても重要です。……モノの製造でも機械設備の稼働率は重要なのですが、モノは在庫ができるのに対し、サービスは在庫ができませんから、サービス業にとってのほうが、よりいっそう稼働率が重要だといえます。

そして、稼働率が高ければコストを抑えられますから、お得なサービスを提供しやすくなります。実際に、多くのカラオケボックスの利用料金は、かなり安いですよね。図表13からわかる相対的な稼働率の高さ（台数と比較して売上金額が大きいこと）が、その理由です。

ただし、不況の影響はカラオケボックスにも及んでいて、その対策として、ソファーやテーブルなどの家具に凝ってみたり、飲食などのサービスを工夫してみたりしています。また、カラオケの機械もどんどん進歩しています。これらは、基本的に「稼働率を高めるため」におこなわれていると考えられます。

図表14　日本製のデジカメが世界を席巻

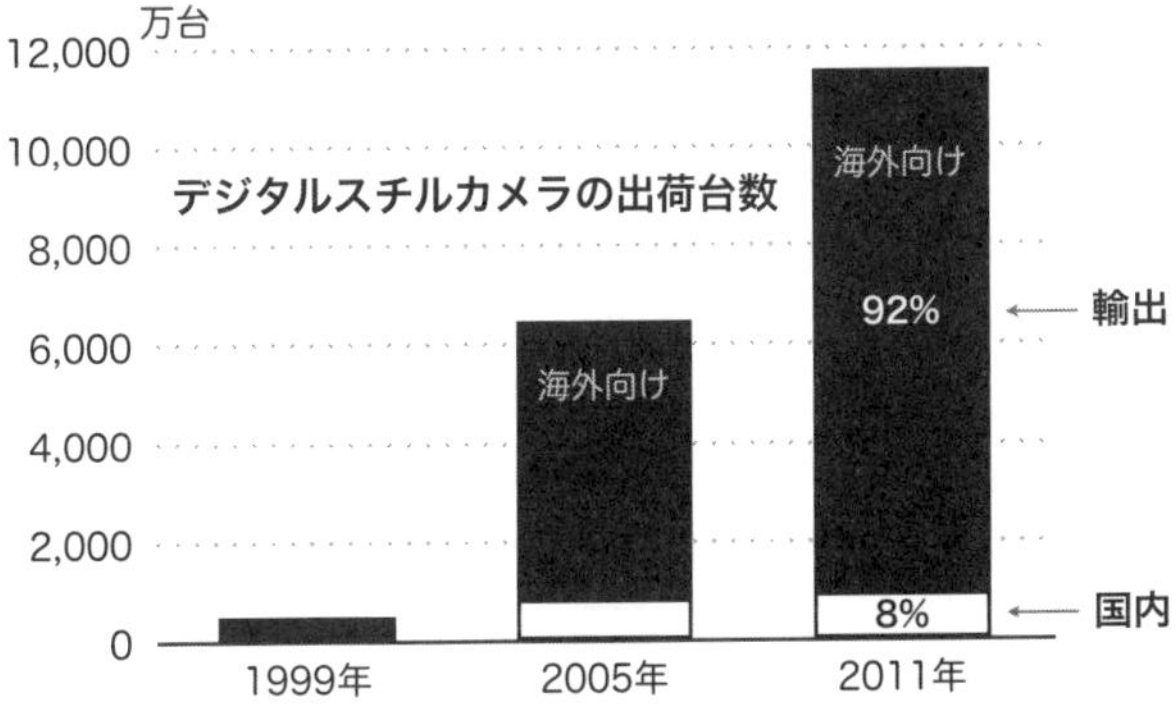

（出所）一般社団法人カメラ映像機器工業会ホームページ

海外市場に活路を求めるデジカメとクルマ

日本が世界に誇る機械製品のひとつに、**デジカメ**（デジタルスチルカメラ）があります。家電量販店に行くと、豊富な種類のデジカメが並んでいます。デジカメの合計出荷台数を図表14のグラフでみると、2011年の1年間に日本で製造・出荷されたデジカメは、1億台を軽く突破して、1億1552万台となっています。

そのうちの92%が海外に向けて輸出されていて、年間の輸出台数だけで1億台を超えていました。日本国内向けの出荷は1000万台より少なく、951万台でした。21世紀に入ってから、デジカメの生産・出荷が急拡大

図表15 日本国内での乗用車販売は減少傾向

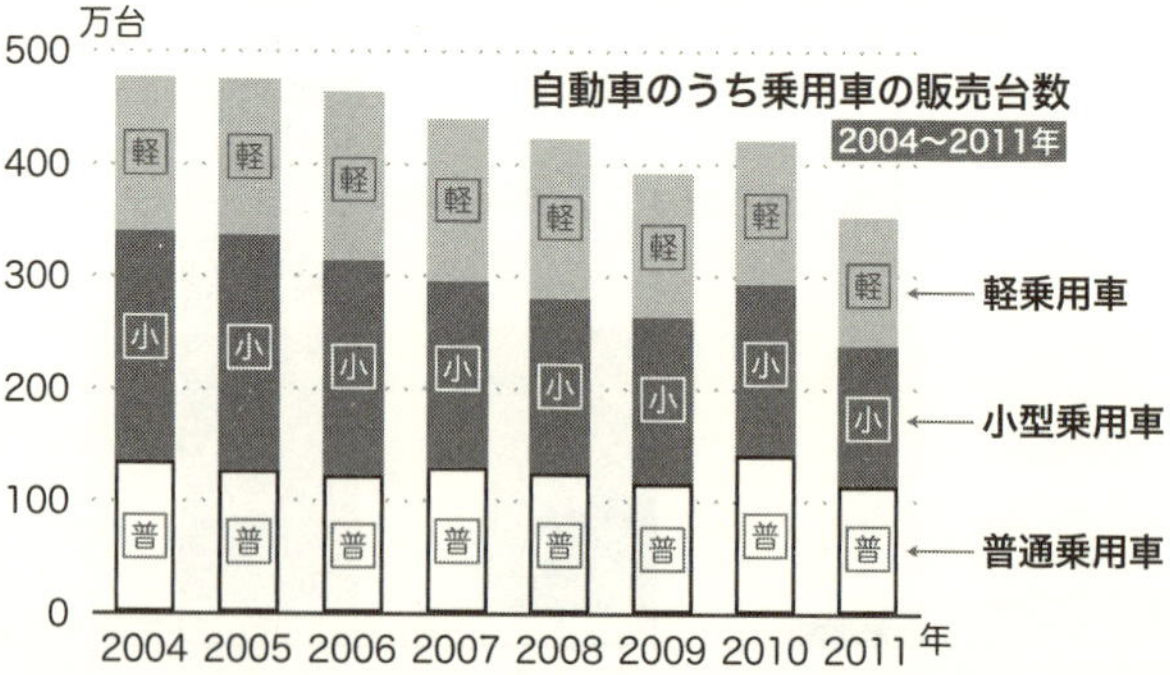

（出所）一般社団法人日本自動車販売協会連合会ホームページ

してきたのは、海外への輸出が飛躍的に増えてきたからだとわかります。

海外市場での販売を伸ばさないと成長しにくいのは、日本のいろいろな製造業についていえることです。日本国内の市場が伸び悩み、モノによっては縮んでいるからで、その代表格がクルマ（乗用車）です。

日本国内での乗用車の販売台数を、軽乗用車、「5ナンバー」といわれる小型乗用車、「3ナンバー」と呼ばれる普通乗用車に分けてグラフ化したのが、図表15です。長期でみて、明らかに減少傾向にあります。

2006年までは、軽乗用車の増加が目立ったのですが、その後は減少傾向に転じました。小型乗用車の減少が激しく、他方で、横ばい傾向といえるのが普通乗用車——いわゆる〝高級車〟が入る分類です。「エコカー」などの言葉が目立つようになりましたので、高級車や大型車が減って、経済性や環境対応の面で優れたクルマの比率が増えてきたイメージをもつ人も多そうです。

しかし実際には、本当にエネルギー消費が少ない小型乗用車の販売が大幅に減る一方で、エネルギー消費が多い高級車の販売は維持されています。比率でいえば、日本国内でのクルマの販売は、エコとは逆の方向に進んできたのでした。……統計データをみることで、世間のイメージと現実が異なる場合に、それを見抜くことができます。

コラム　新聞・雑誌を疑え！

先ほど示した図表15は2011年までのデータを表示しています。翌12年は、エコカー補助金の効果があった9月中旬まで、軽・小型・普通それぞれの乗用車販売が大幅に伸びたのですが、効果が切れた9月下旬にいきなり急ブレーキがかかりました。……反動があるのは当然だったといえます。

この9月だけの販売台数をみて、2012年10月2日の日本経済新聞は「軽自動車や小型車を求める動きは今後も強まるとみられ、自動車各社はこうした車種でも収益を生み出す努力が求められる」と解説しました。また、『週刊ダイヤモンド』(2012年10月27日号)に掲載された自動車業界についてのレポートは、「いまや国内市場の〝主戦場〟はスモールカーになり」というリード文で始まっていました。

どちらも、普通乗用車の販売比率が下がっていることを前提にしていましたが、記者の単なる思い込みでしかなく、当時のデータはそれを裏づけてはいませんでした。

まず、問題の9月には、軽乗用車だけが勢いを維持したのですが、この点について日本経済新聞は、先の記事の前日(10月1日)に、業界団体のコメントを載せていました。それは、軽乗用車については「エコカー補助金終了後もメーカーが代わりに(購入資金の一部を)負担したりしたおかげ」と指摘するものでした。

そんな特殊事情があった1カ月のデータだけで、軽・小型乗用車の販売比率が上がったとみなすのは、あまりにひどい分析です。そもそも2004~09年まで、普通乗用車の販売比率は30%未満でした。それが、10年と11年には30%を超え、12年も最終的に30%超の販売比率を維持しました。

しかも、相対的に高級なクルマで構成される普通乗用車は、価格も1台当たりの利益（収益）も軽・小型乗用車よりずっと大きな数字になります。自動車メーカーは、日本国内の自動車市場が縮む傾向にあるなかで、利益面でとりわけ重要な普通乗用車の販売を巧みに維持してきたというのが、データから読み取れる事実でした。

ビジネスに強いとされる新聞や雑誌でも、ときには、これほど基本的なデータを確認せず、現実とはまったく逆のことを前提に分析したりするのが、日本の現状です。データ分析能力がある人材が、日本ではたいへん不足していることがよくわかります。だからこそ、新聞・雑誌・テレビの報道を鵜呑みにせず、自分でデータを調べて読むことが、人材としてのあなたの価値を高めるといえます。

†データの分析力を武器にするコンビニ

店にやってきた客の消費行動に関するデータを、徹底して蓄積し、その膨大なデータ（いわゆるビッグデータ）を分析することでビジネスの効率を高め、より大きな利益をめざす企業が増えています。代表格のひとつが**コンビニ**（コンビニエンスストア）です。

コンビニは、季節（何月か）・時間帯（何時か）・気温（何度か）・天気（雨などは降っているか）・地域（どんな場所にある店か）などに応じて、過去にどのような商品が多く売れたかを、データで整理しています。それを活用し、先手を打って効率よく売上を増やそうとします。これから売れそうな商品を、できるだけ買いやすい場所に置き、その商品の販売をよりいっそうアピールするのです。

コンビニの基礎データは、**日本フランチャイズチェーン協会**のホームページから得ることができます。たとえば、コンビニの月ごと（月次）の売上高（売上金額）をみたのが図表16です。同じ年でも、月によって売上に2000億円ほどの差があったりします。売上のピークはふつう7月あるいは8月です。

2010年だけは9月がピークになっていますが、これには特殊事情があります。同年

図表16　コンピニ売上のピークは夏だが、月は少しずれる

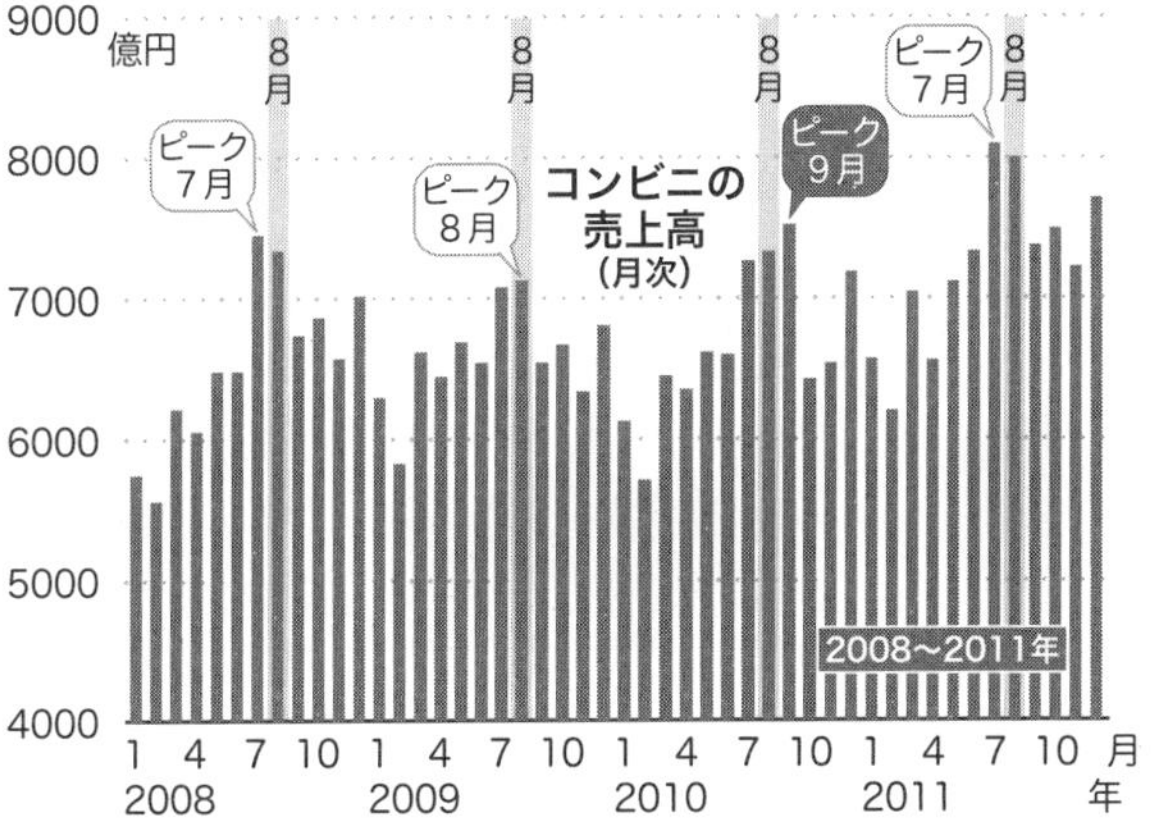

（出所）一般社団法人日本フランチャイズチェーン協会ホームページ

10月からタバコの大幅値上げが決まっていて、その前に買いだめをしようとした消費者が多く、それが同年9月のコンビニの売上を大幅に押し上げたのでした。

つぎに、コンビニの売上高を要因分解してみましょう。「売上高＝客数×客単価（客ひとり当たりの平均売上高）」ですから、客数と客単価の2つの要因をグラフにしたのが、図表17です。

客数は、季節に応じた変動パターンをもって推移しています。〝季節変動〟と呼ばれるものが明確にみられます。7月あるいは8月に客数のピークが来ます。一番少ないのは2月ですが、もともと2月は日数が少ないので、当然のことです。冬の来客が

図表17 夏は客数で稼ぎ、冬は客単価を上げてカバーする

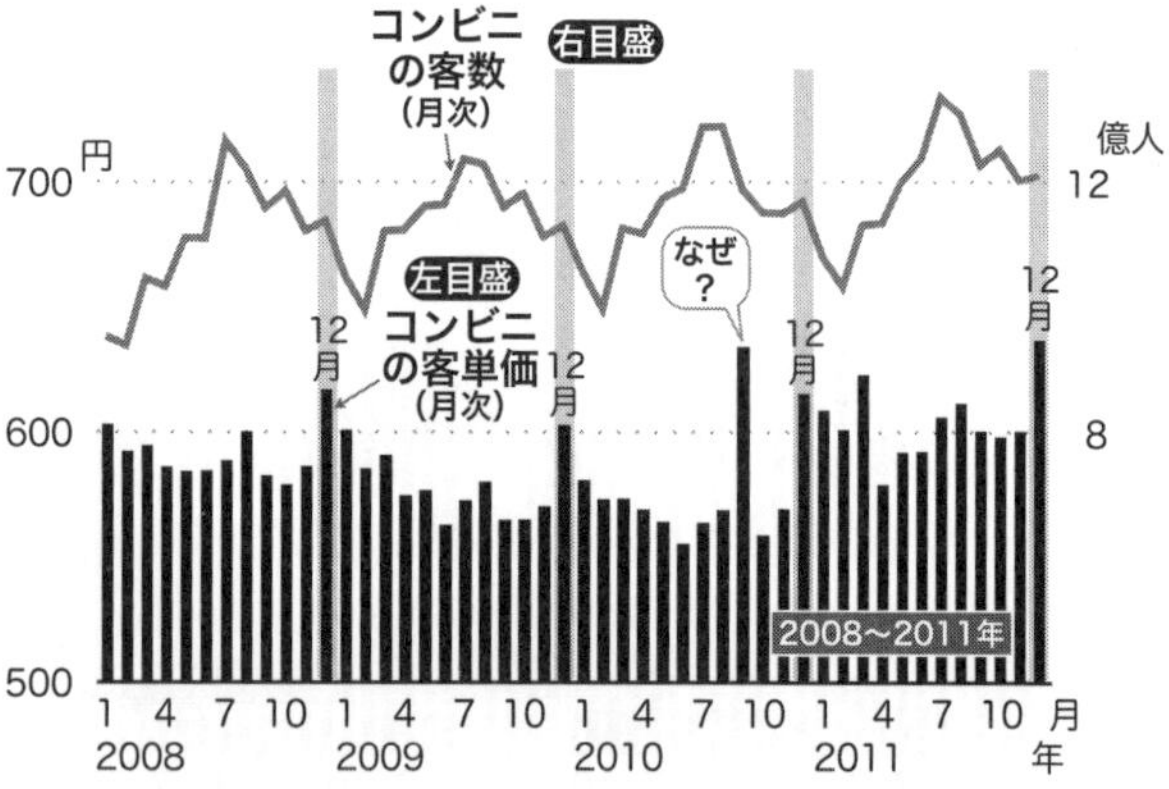

（出所）一般社団法人日本フランチャイズチェーン協会ホームページ

少なく、夏の来客が多いことがわかります。

客単価は、12月が一番高いといえます。2010年だけ、9月にピークがありますが、このように目立つデータがあるときには、その時期になにかふだんと変わったことがなかったか、調べてみるべきです。同年9月の場合は、すでに紹介したタバコの値上げ前という特殊事情がありました。

コンビニにとっては、客数が減ってしまう冬にどう稼ぐかが重要課題のひとつで、たとえば、おでんに力を入れ、レジ近くで美味しそうにみせて売るなどの努力をしてきました。また、年賀状印刷、お歳暮、クリスマスケーキ、おせち料理のような冬のビジネスを強化してきました。

そして、12月の客単価が一番高くなっています。夏は客数で稼ぎ、冬は客単価を上げてカバーしているという印象です。……8月の客単価もそれなりに高いときがありますが、2009〜10年は、そうではありません（12月だけでなく、3月も8月より高くなっています）。

コンビニのデータ活用術は本当に見事なことが多いので、興味がある読者は、自分でさらに調べてみてください。今後は、ビジネスのうえで膨大なデータ（ビッグデータ）をいかに分析するかがどんどん重要性を増しますので、データ読解能力が高い人が企業から求められるようになるといわれています。

残念ながら、日本の教育では、ビジネスデータを読む能力を鍛えるカリキュラムが欠けています。でも、だからこそ、自分でデータを読む能力を鍛えた人は、現代社会で仕事をして稼ぐうえでの強力なスキルを身につけることができて、相対的にかなり優位に立てます。そのためのトレーニングだと思えば、自分の興味のままに、あれこれデータを読む経験を増やすことが一番です。

†映画ビジネスの復活は、シネコンと日本映画が牽引？

今度は映画について、少しビジネス上のデータを調べてみましょう。日本映画製作者連盟のホームページに、いろいろなデータがあります。過去の名作映画のタイトルがずらりと並ぶデータもありますが、ここでは、映画ビジネス全体の基礎データだけを取り上げましょう。それを整理したのが図表18です。

いま70歳代や80歳代の人たちが若かったころ——1955年以降のデータをみています。映画館のスクリーン数と、映画館の年間入場者数でみると、日本の映画ビジネスの全盛期は、50年代後半から60年代前半までの時期だったといえます。とりわけ57〜60年には、年間入場者数が10億人を超えていました。

当時は、月に数回のペースで映画に行く人がたくさんいたことがわかります。当時の映画スターが、そのときのファンからいまでも絶大な支持を集めている理由が、ここにあります。

スクリーン数でみて、長期低迷傾向から日本の映画ビジネスが復活してきたのは、2000年の数年前ぐらいからです（1994年から増加に転じましたが、増加ペースが上がった

図表18 低迷から復活してきた映画ビジネス

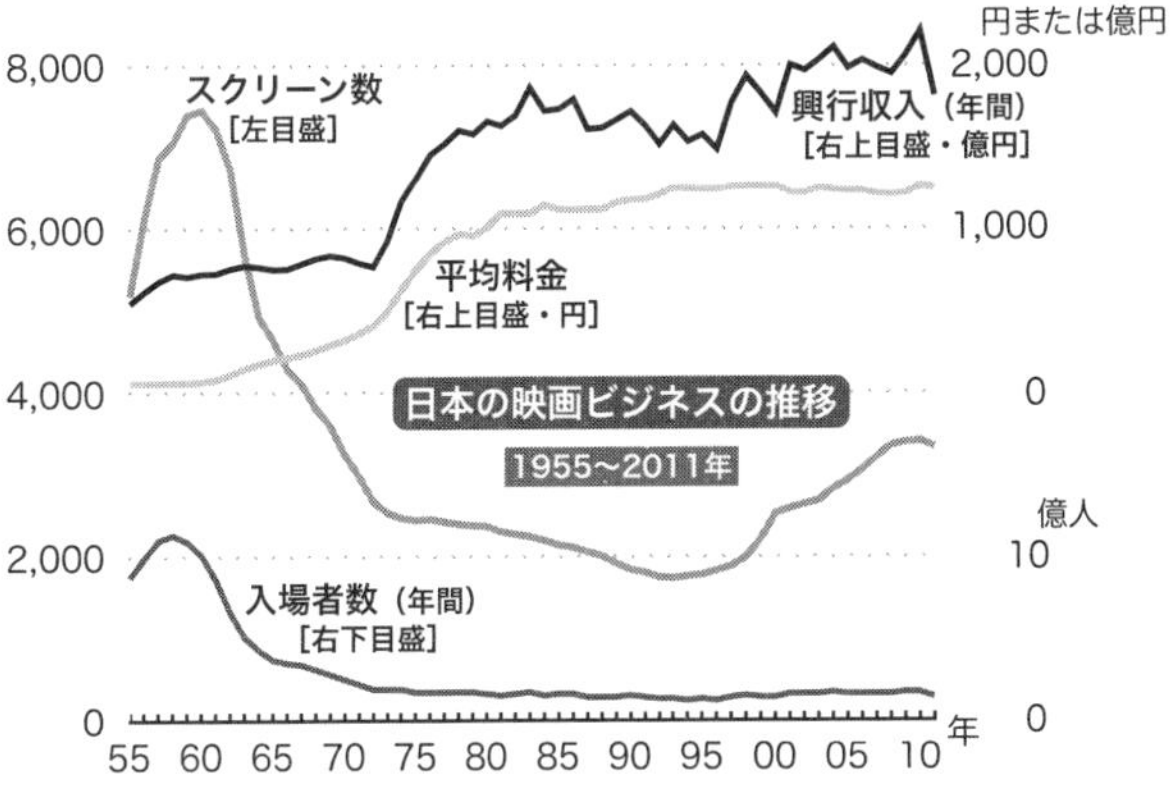

（出所）一般社団法人日本映画製作者連盟ホームページ

のは98年ぐらいからです）。複数のスクリーンをもつシネコン（シネマコンプレックス）の登場が大きな影響を与えたのでした。

興行収入も上昇傾向に転じましたし、グラフからはわかりにくいのですが、入場者数も増えました。……2011年には減っていますが、東日本大震災と福島原発事故による影響があり、長期トレンドをみるデータとしては参考になりません。

デフレの影響もあって、平均料金も伸び悩んでいます。これにはいろいろな事情があるのですが、近年3D映画が増えているのは、少しでも高い料金を設定したい映画業界の経営努力を反映したものです。

日本の映画ビジネスが復活してきた理由の

図表19 邦画の逆襲

日本で公開された映画の邦画・洋画の興行収入シェア

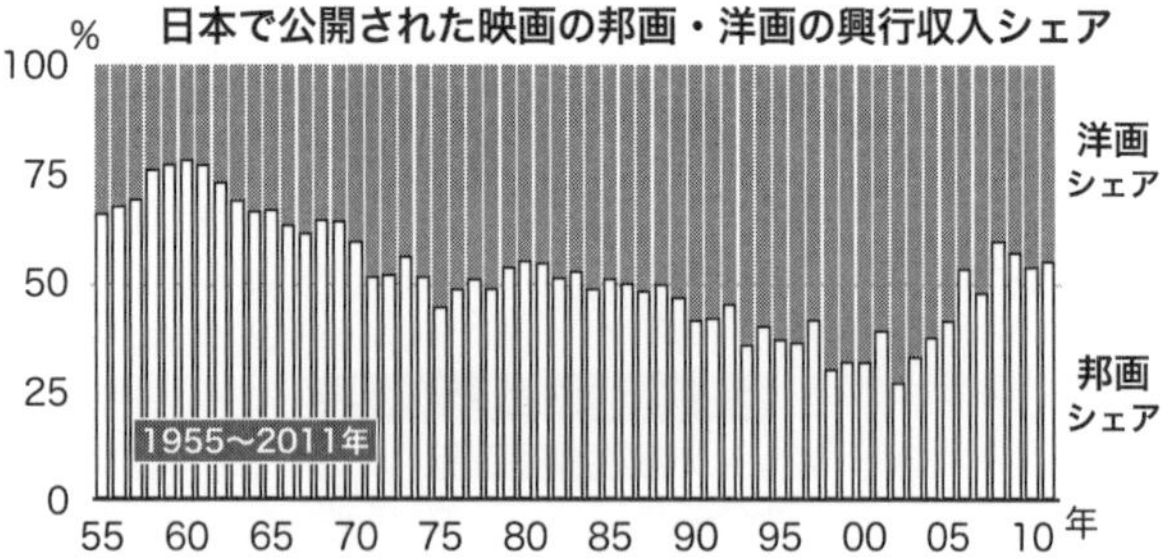

（出所）一般社団法人日本映画製作者連盟ホームページ

ひとつとして、洋画が優勢だった状況から、邦画が逆転して優勢になって、牽引役になったからだとの指摘もあります。興行収入に占める邦画・洋画のシェアをみたものが図表19です。

２０００年前後の数年で興行収入が大幅に増加したとき、洋画が興行収入の7割前後のシェアを占めていて、その意味で、日本の映画ビジネスの復活を牽引したのは、邦画でなく洋画だったといえそうです。

その後、邦画が急速にシェアを高め、２００８～１１年まで4年連続で、邦画が興行収入の5割超を占めるようになりました。邦画が、日本の映画ビジネスにおける牽引役の座を奪還したといえそうです。ただ、少しの差ですから、今後はどうなるか予想できません。

さらに興味がある人は、自分で調べて、自分なりに考えてみましょう。その予想が当たるかどうかは大切ではなく、予想してみることでデータの読み解きに慣れ、スキル（とりわけ経験値）を上げることが大切です。

練習課題C

図表Cは、コンビニの売上に占める品目別シェアをグラフにしたものです。「日配食品」は、お弁当を中心に毎日配達されて入れ替えられる食品で、これにお菓子やカップ麺などの「加工食品」を加えると、コンビニの売上の約半分を占めます。タバコや雑誌や化粧品などの「非食品」が、じわじわとシェアを高めています。2010年9月だけ、非食品のシェアが突出しているのは、本文で述べたタバコの値上げの影響です。サービスのシェアは、まだ低いといえます。

さて、本文の図表16・17をみたあとでこの図表Cをみたとき、筆者には一瞬、強い違和感があり、しばらく考えてみて、コンビニの経営が巧みなことをあらわしていると思いました。どんな点に違和感があったか、読者にはわかりますか。本文の2つの図表と、図表Cとで、大きく異なる点をみつけてください。ヒントは前の段落の文章中に隠れています。

(答えは226ページ)

図表C　コンビニの売上を品目別に分解

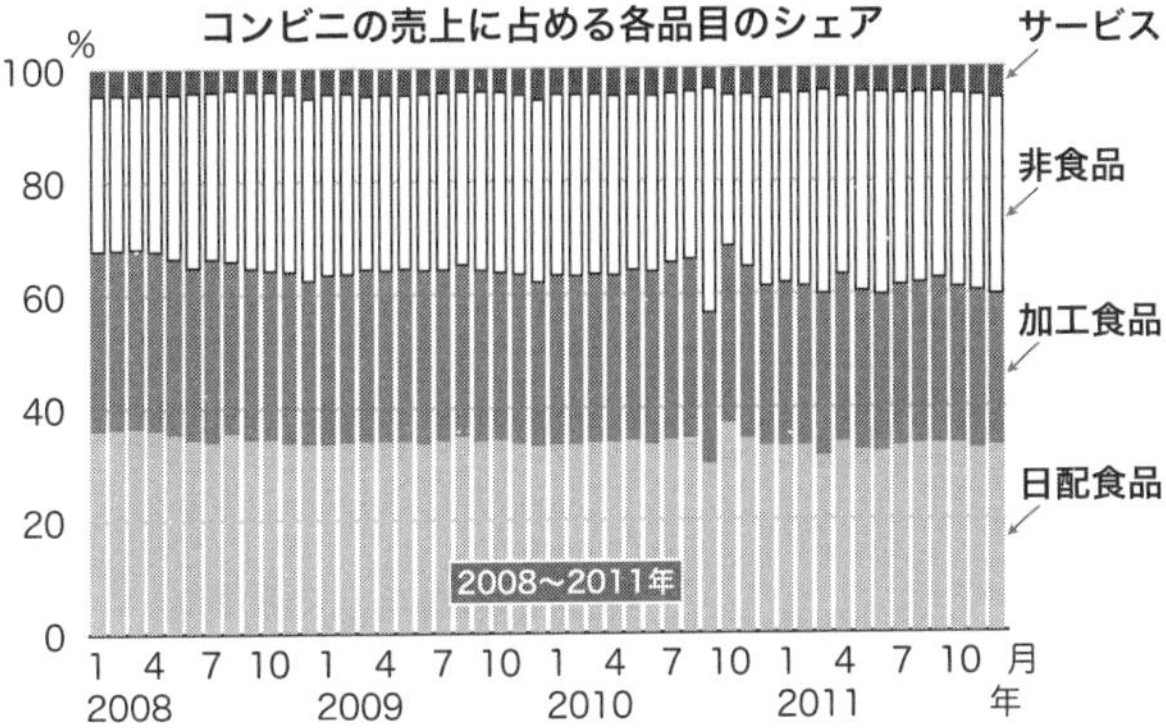

（出所）一般社団法人日本フランチャイズチェーン協会ホームページ

練習課題D

図表Dでは、邦画と洋画の映画1本当たりの興行収入を比較しています。本文中のグラフなどを参考に、このグラフからどんな分析ができそうか、考えてください。

（答えは227ページ）

図表D　邦画と洋画で、1本当たりの興行収入を比較

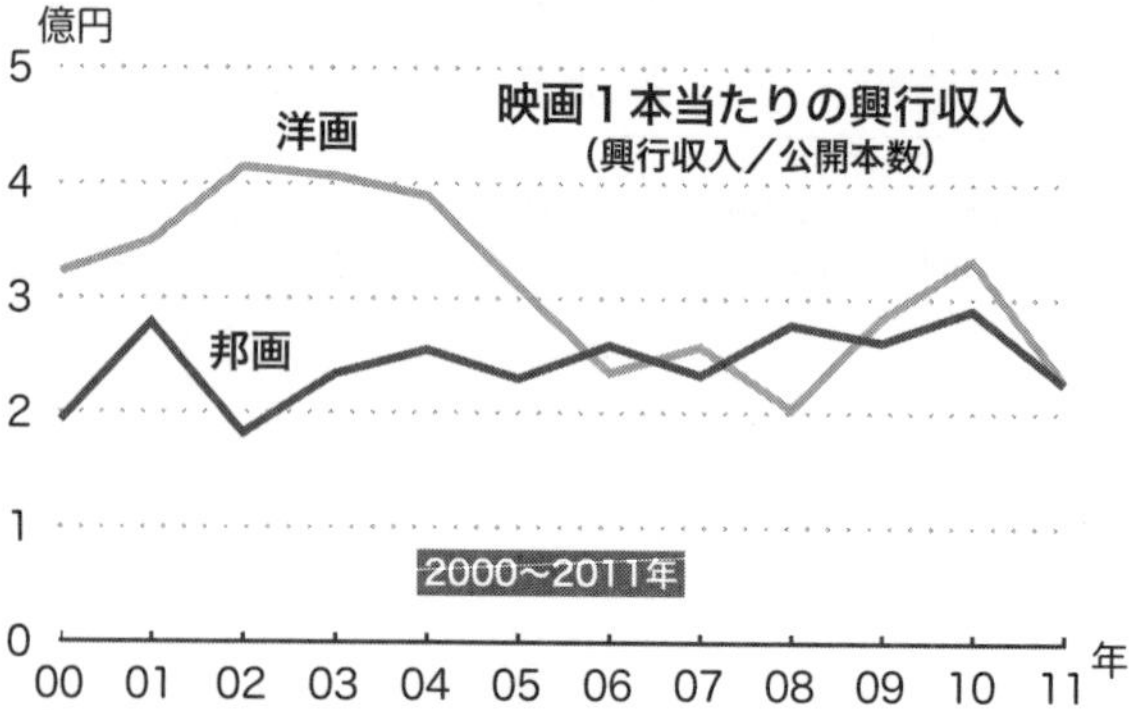

（出所）一般社団法人日本映画製作者連盟ホームページのデータから計算

第3章

職に就くことのたいへんさ

†不況の根本原因は、十分な賃金がもらえる仕事の不足

経済活動は、モノやサービスを生産して販売する「供給」側と、それを購入して消費・設備投資などに使う「需要」側に分けられます。そして、需要と供給のバランスが崩れると、いろいろな経済問題が起きます。

日本全体でみると、需要――消費などが不足していることで、不況が続いています。現在の日本経済は、需要側に大きな問題を抱えているといえます。消費不足をなんとかしないと、不況からは脱出できないでしょう。

しかし、消費が増えない理由のひとつは、人びとのサイフのなかにおカネがないことです。十分な所得が稼げないから、消費を増やせない。これが将来も続きそうだと感じるために、いまから倹約しておこうとして、消費を抑制する。すると、モノやサービスがさらに売れなくなるから、仕事が減って、所得も減る。それに対応して、消費をさらに減らすと、結局、人びとの所得が減って……。この悪循環が強力に作用しています。

いまの日本経済が陥っている深刻な不況の背景には、供給側で、十分な仕事と所得が得られないという問題があります。この仕事や所得の減少こそが、私たちの生活にとってい

ちばんの問題点だと、筆者は考えています。単に、不況が悪いのではなく、不況になると仕事や所得が減ってしまい、消費を減らすしかないからこそ、不況は悪くて脱出をめざすべきものとなるのです。

なんらかの職に就いて仕事をすることを「労働」といいます。私たちは経済活動の供給側では「労働者」であり、他方で、労働で得たおカネ——所得を使って、モノやサービスを消費します。経済活動の需要側では、私たちは「消費者」です。

日本経済でいまいちばん深刻な問題は、不況による仕事と所得の不足だとして、これは労働者が相対的に余っていることを意味します。他方で、「どんなことをしてでも働く気持ちがあれば、仕事はいくらでもある」との指摘があります。過酷な仕事や危険な仕事を、それに見合わない賃金（給料）でやるつもりなら、たしかに仕事はいくらでもあるでしょう。企業経営者の視点で発言する人のなかには、こうした意見の人が多いでしょう。

しかし、不況を深刻化させている消費不足の裏側に、所得の不足があることを考えると、「内容に見合った賃金がもらえる仕事」が不足していることが、供給側のいちばんの問題だとわかるはずです。不況で経営を悪化させた企業が、労働者の賃金を下げ、それが労働者の所得を減らし、消費不足を深刻化させて、結局は不況がもっとひどくなるという悪循環があるからです。

生産活動は、資本（おカネ）と労働（ヒト）を使っておこなわれますから、生産活動による儲けは、資本家（資本を提供した人）と労働者に分けられます。労働者は雇用者（仕事のために雇われている人）ともいわれ、労働者が受け取る所得は「雇用者報酬」と呼ばれます。

第7章で解説するGDP統計（国全体の経済規模を測る統計）から、毎年の日本全体の経済活動で生産された価値（国民所得）が、どれくらいの比率で労働者の所得（雇用者報酬）になるのかをみたのが、図表20です。約7割は労働者に分けられています。この比率を**労働分配率**（Labour Share）といいます。

労働分配率はいろいろな指標で計算されますが、先進諸国では、資本家に分けられる価値よりも、労働者に分けられる価値のほうが多いのがふつうです。……このデータを知らない若者の多くは、労働分配率は5割を下回る（資本家が受け取る価値のほうが多い）と感じているようです。

本書執筆中に、関西大学の商学部と経済学部の学生（大部分が3・4年生）に教える講義で、労働分配率についてのクイズを出したところ、日本の労働分配率が5割を超えてい

図表20 価値の約７割は労働者に分配される

（出所）内閣府ホームページ

ると考えていた学生は、ひとりもいませんでした。50人以上は教室にいたと思います。若者に限らず、データを知らない人たちは、日本の労働分配率について誤解しやすいのだと思われます。

改めて、図表20で日本の労働分配率の高さをみれば、十分な賃金がもらえる仕事の不足が、日本経済全体での消費不足に直結し、不況を深刻にしていることが納得しやすいでしょう。

†いまは仕事不足だが……

ここまで述べてきたように、いまの日本では、相対的に仕事が不足しています。働く意欲があって、実際に仕事を探しているのに、職に就けない人を**失業者**と呼びます。仕事が不足していることは、失業者の比率が高まっていることで、確認できます。これを**失業率**（Unemployment Rate）と呼びます。

失業者や失業率という言葉については、22ページでも説明しました。ただ、正確にこれらの用語の意味を理解しようとすると、意外にたいへんです。筆者が大学で教えていて、経済学部の上級生に「失業者とはどんな人か？」をたずねると、けっこう多くの学生が、まちがった答えをします。

失業者とは働いていない人だとはわかるのですが、働いていない人のなかには失業者でない人もいますから、それをどう分類しているかがわかっていない学生が多いのです。年齢で分けているとか、性別で分けているとか、真剣な顔でデタラメな答えをする学生がいて、教員としては残念な思いをします。

経済データに限らず、いろいろなデータを読むうえでは、用語の定義をきちんと理解することが大切です。失業者は、「①働く意欲がある（働きたいと思っていて、実際にすぐに仕事が始められる状態にある）」ことと、「②いま働いていない」ことの両方を満たす人です。しっかり覚えてください。また、忘れたと感じたら、失業率などのデータを読む前に、きちんと確認してください。

実際には、この①・②の条件に当てはまるかどうかの判定は、かなりやっかいです。①の働く意欲なんて、どうやって調べればいいのでしょうか。意欲なんてきちんと調べられないので、その代わりに、仕事を探す活動をやっていたかどうかで、意欲を確認します。

そうするしかないのですが、「いまも働く意欲はあるけれども、仕事探しに疲れてしまって、一時的に仕事探しをやめている人」は、本当は失業者なのに、統計上は失業者にふくまれません。失業についての統計には、このような問題もあることを覚えておきましょう。

②の「いま働いていない」という条件も、判定がむずかしいといえます。仕事を探しながら、月に数回だけアルバイトをした人は、本人にいわせれば失業者でしょう。しかし、どれだけのアルバイトまでなら失業者と認めるかを考えると、適切な基準を選ぶことがむずかしいので、たとえ一時的なアルバイトなどであっても、少しでも仕事をしたら、失業者として認めないという判定基準になっています。

これらの基準を満たした人を、**完全失業者**と呼びます。きちんとした調査で把握された失業者という感じで理解すればいいでしょう。他方で、職に就いて働いている人を**就業者**と呼びます。就業者と完全失業者を足し合わせたものが、**労働力人口**です。

図表21 日本の失業率はまだ１桁だが、上昇傾向

※各年４月の季節調整値
（出所）総務省ホームページ

労働力人口に占める完全失業者の比率が、**完全失業率**です。ふつうに失業率といえば、この完全失業率のことです。図表21をみると、日本の失業率は高度経済成長が終わってから長期上昇傾向にあることがわかります。まだ1桁の数字ですが、昔は約１％だったこともあった完全失業率が、５％前後まで上がってきました。

これらの統計は、**総務省**が**労働力調査**と呼ばれるもののなかで公表しています。総務省のホームページから詳細なデータが得られます。なお、失業についての統計の関係を数式にして整理すると、つぎのようになります。

労働力人口＝就業者＋完全失業者
完全失業率＝完全失業者÷労働力人口

この関係をきちんとアタマに入れながら、総務省のホームページにあるデータをいろいろと調べてみると、興味深いことがたくさんみつかるでしょう。

†仕事が探しやすいかどうかをみる

失業率には、地域的なバラツキがあります。全国を9つの地区に分けて完全失業率を比較したのが、図表22です。バブル経済の少し前の1985年から、2011年までのデータをみています。

失業率が相対的に低く、就職しやすい地区として、東海地区があります。競争力が高い製造業が多く立地する愛知県を中心とした地区です。また、いちばん新しい2011年の値をみると、失業率が4%未満なのが、北陸、東海、中国・四国の3地区で、相

図表22 相対的に就職しやすい東海地区

完全失業率〈地区別〉

%

地区／年	北海道	東北	南関東	北関東甲信	北陸	東海	近畿	中国四国	九州沖縄
1985	4.6	2.9	2.6	1.8	1.6	2.2	3.1	2.8	3.6
1990	2.6	1.6	2.2	1.4	1.4	1.3	2.6	2.2	2.7
1995	3.5	2.6	3.8	2.2	2.3	2.9	4.1	2.8	3.4
2000	5.5	4.5	4.6	3.8	3.4	3.7	6.2	4.1	5.6
2005	5.4	5.3	4.1	3.6	3.5	3.3	5.3	4.2	5.5
2010	5.5	5.6	4.9	4.7	4.4	3.9	5.8	4.3	5.8
2011	4.8	4.6	4.6	4.4	3.7	3.7	5.0	3.8	5.1

（出所）総務省ホームページ

対的に仕事が得やすいといえます。反対に、5%を超えている近畿、九州・沖縄の2地区は、相対的に仕事が得にくいことがわかります。4・8%の北海道も後者のグループに入ります。

また、1985年には、1%台の地区と4%台の地区が併存していて、地区間のバラツキがかなり大きかったのに、90年にはバラツキが小さくなっています。このあいだにバブル経済と呼ばれた時期があり、好景気で労働者が不足した地区の大企業（自動車メーカーなど）が、相対的に失業率が高かった北海道や九州に進出し、失業率を下げたことが影響しました。

さて、全国の失業率も地区別の失業率も、短期では数字が狭い範囲で動きますので、短期的な状況の変化を把握するのには、使いにくいデータだといえます。また、失業が深刻化したがゆえに、失業者が職探しをあきらめ、一時的に失業率が下がることもあったりします。失業率は、どちらかといえば長期トレンドをみるべきデータだといえます。

そこで、別のデータをみてみましょう。仕事の探しやすさを直接的に計算したもので、**有効求人倍率**と呼びます。

大学や高校や専門学校などを卒業する前に仕事を探す人とは別に、中途採用のかたちで

図表23 仕事が探しやすい状況かどうかをみるデータ

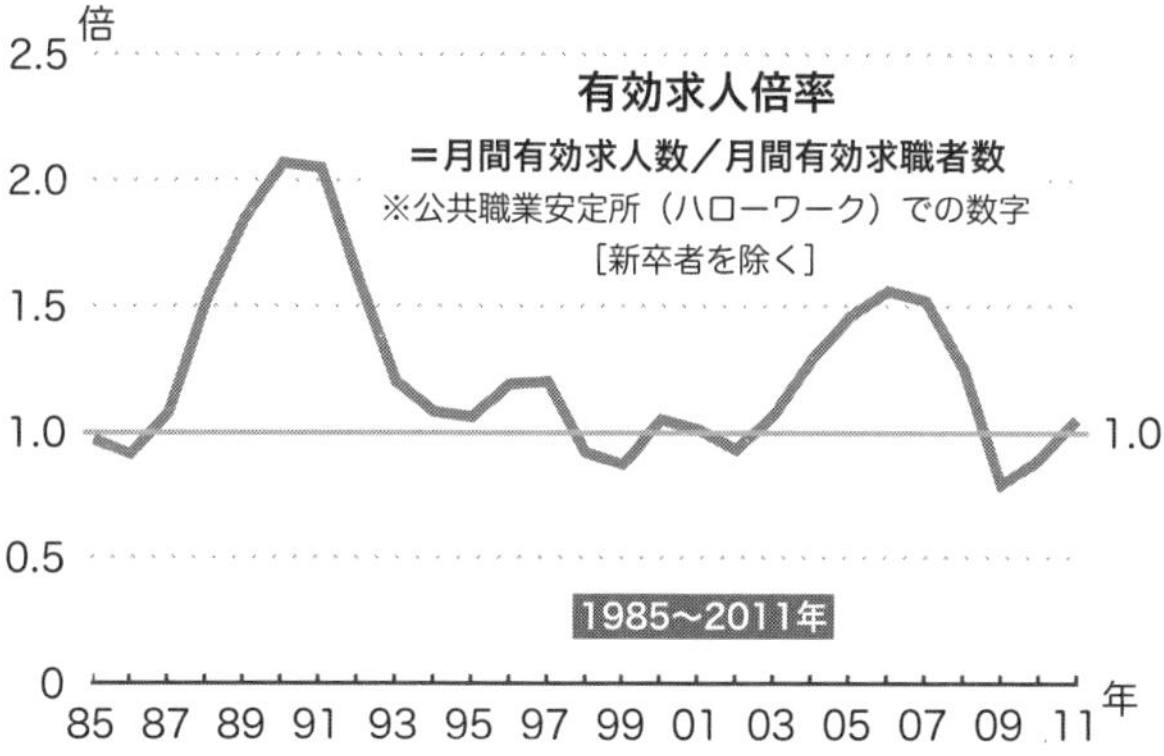

（出所）総務省ホームページ

仕事を探す人の多くが頼る場所として、**公共職業安定所**（ハローワーク）があります。**厚生労働省**が運営する施設で、全国に550カ所以上あります。

有効求人倍率は、公共職業安定所の「月間有効求人数」を「月間有効求職者数」で割ったものです（新卒者を除いています）。1985年以降の日本全体での有効求人倍率をグラフにしたのが、図表23です。

有効求人倍率が1を超えていれば、数のうえでは、仕事を探す人数を上回る求人（仕事）が存在するといえます。職種や賃金などの条件をまったく気にしないで、数だけでみていますから、1を超えたかどうかに強い意味があるわけではありません。有効求人倍率が1になるのは、お見合いパーティーで、とりあえず男性出席者と女性出席者の数が一致したのと同じです。

グラフをみると、バブル経済の時期には有効求人倍率が急上昇し、2を超えています。当時は、建設現場などで外国人労働者が多くなっていました。有効求人倍率が1前後のときには、不況がひどく、仕事がみつけにくいといえそうです。

このグラフだけではわかりにくいのですが、地域を細かく区切ってみたり、より細かな推移をみたりすると、仕事の探しやすさの変化がわかるデータです。興味がもてたなら、読者が住む場所の有効求人倍率を調べてみてください。

コラム

表とグラフ

グラフは、他人が作成したものであっても、自分が作成したものであっても、とにかく錯覚を起こしやすいといえます。データ分析に慣れた人でない限り、データをいきなりグラフ化してしまうと、まちがった読み方をする危険性が高まるでしょう。

それを避ける方法として、簡単なのは、データ分析を〝グラフ〟でなく〝表〟でおこなうことです。そもそも、99ページの図表22のような表をもしグラフ化すると、グラフがごちゃごちゃして特徴を読み取りにくくなります。例外もありますが、原則として、表のほうが圧倒的にデータ分析がしやすいのです。

真摯にデータの意味を探りたいなら、安易なグラフ化を避けて、まずは表をじっとながめることで、分析をするといいでしょう。表なら、別のデータをどんどん継ぎ足せます。そして、いろいろな方法でデータ間の「差や比や変化率やシェア（全体に対する割合）など」を計算して、元のデータの横に並べてみて、なにか特徴をみつけたところで、それを確認するためにこそ、グラフ化してみましょう。

グラフをつくるときも、いろいろな形式のグラフを試し、軸や目盛の設定などもいくつかのパターンを試してみるべきです。そして、分析でみつけた特徴がいちばんわかりやすく感じられるグラフを、レポートなどに載せましょう。

一般的に、表とグラフでは、グラフのほうがすぐに特徴をみつけやすいといえます。だからといって、そうしてみつけた特徴が本当に意味がある特徴かどうか、単なる錯覚ではないのか、グラフをみたことで先入観をもってしまったあとでは、検証がむずかしいでしょう。

だからこそ、まずは、特徴をみつけにくい表をながめてデータ分析をすることが、データ読解力を高めるうえでは大切です。そうして表のデータを読む力を磨くことで、やがてグラフでの錯覚を避ける能力も高まります。そのあとなら、いきなりグラフ化をしても、データをうまく読めるようになるでしょう。

データ分析に慣れるまでは、できるだけ表を基本としてデータを読むことをおすすめします。そして、最終的な資料では、グラフにして説得力を高める。こうした作業が面倒でも、積み重ねた作業量は、きっとあなたのデータ読解力を高めるはずです。

†若者にとって、就職はどう変わっていくのか？

本書執筆時点（２０１２年）で、筆者には小学校４年生の息子がいますので、いまから10年以上先に就職活動をする若者は、どんな考え方で働こうとするのだろうかと、よく想像します。同年代の子供をもつ人と話をするときには、よく意見交換をします。10年もあれば、世のなかの仕組みは大幅に変わったりするものです。

そもそも、19ページの図表1や23ページの図表2で取り上げた、大学生の就職希望率や欧米諸国の若者の失業率をみると、日本の若者にとって、社会に出て働くことはどんどんたいへんになっていくと思えます。これからの日本で若者がどう働くことになるのかを、いまから見通すことはむずかしいでしょうが、社会にとって、このテーマで議論をおこなうことは必要だと、筆者は考えます。

ポイントになる統計を、基本的なものから3つ、ここで紹介します。まず、図表24をみてください。よく紹介されているデータです。若者に限定したデータではありませんが、今後の働き方がどうなっていくかを予想するうえでは、欠かせないテーマとして、「正規

図表24 非正規雇用の比率上昇が止まらない

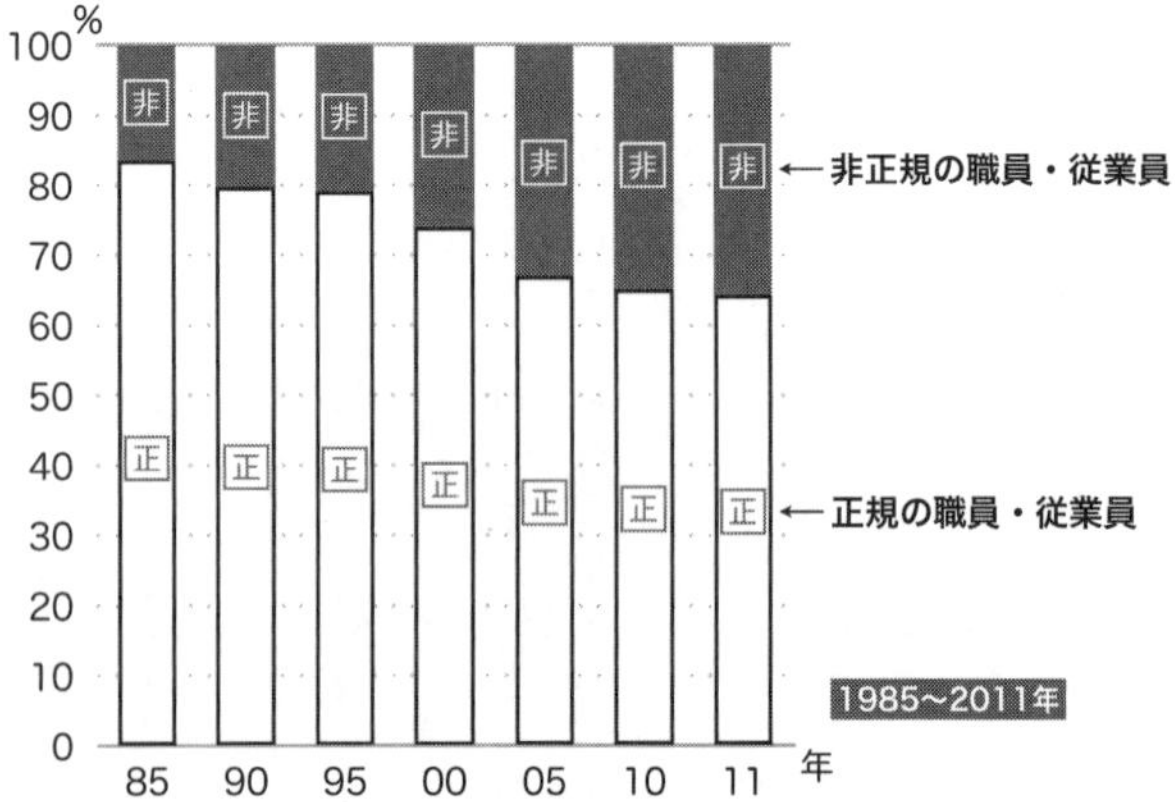

（出所）総務省ホームページ

雇用（正規の職員・従業員として働くこと）」と「非正規雇用（非正規の職員・従業員として働くこと）」の比率をみています。

1985年には、非正規雇用の比率は20％未満でした。それが、2005年には30％を超え、11年には40％に迫ってきました。非正規雇用の比率ははっきりと上昇傾向にあります。将来は、非正規雇用のほうが多数派になってもおかしくありません。

おおまかにいって、正規雇用と非正規雇用の差は2つあります。第1に、非正規雇用のほうが、企業の経営が悪化したときに、クビになりやすく（解雇されやすく）所得を減らしやすいといえます。労働者側からみて、非正規雇用はリスクが高いわけです。

第2に、日本では、ふつうに働いているときに同じ仕事をしても、より高い賃金がもらえて、より恵まれた条件で働けるのは、正規雇用のほうです。平均的に、非正規雇用のほうが低い所得になります。

この、第1のリスクと第2の平均所得の差が、どちらの面でも正規雇用のほうが有利だという意味で、バランスを欠いているといえます。はっきりいって、企業（会社）が正規雇用の人たちを守りすぎているのです。非正規雇用を増やしているのは、企業の意思です。現在の経営環境を考えれば、それは仕方がないことでしょう。しかし、非正規雇用の労働者は、仕事を失うリスクが高いのですから、そのぶんだけ、働いているときには平均的に高い賃金をもらうのでなければ、バランスがとれません。

そこで、非正規雇用がどんどん増えていき、いずれそちらが多数派になるかもしれない状況で、正規雇用のほうが賃金面で圧倒的に有利なのは、社会全体でみて望ましいかどうかを、まず、きちんと議論すべきです。

どちらの意見もありえますし、むずかしい話ですが、これからの若者は、昔なら正規雇用で一生働けた人たちが、大量に、非正規雇用で働くしかなくなります。正規雇用と非正規雇用のあいだに絶対的な格差があることを放置すると、日本全体で経済格差が大きくなることは避けられません。しかも、その経済格差は、働いてがんばった結果で生じる格差ではなく、働き始める前に、正規雇用になれたかどうかで決まる格差です。

†将来は労働者不足？

そもそも、世界中のいろいろな国で若者の失業率は高いことを、23ページで指摘しました。2つ目の基礎データとして、日本の若者の失業率を図表25で示しましょう。全年齢での失業率より、25〜29歳の失業率のほうが高く、その差は拡大傾向にあります。20〜24歳になると、もっと失業率が高く、15〜19歳はさらにひどくなります。

高校の新卒者をふくむ15〜19歳と、大学・専門学校の新卒者をふくむ20〜24歳の失業率が、全年齢の失業率との差を少し縮めていますが、いいことには思えません。本書冒頭の内容を思い出してください。高校や大学などを卒業するときに就職活動に失敗した若者が、そのまま就職活動を続けるのではなく、進学・フリーター・ニートなどの道を選び、就職活動をとりあえず回避する若者が、ずるずると増えてきた可能性があります。

若者の就職は、すでに困難さを少しずつ増しています。それでも、欧米諸国と比べればまだマシなほうですから、もっとひどくなる余地が十分にあります。これを放置していい

図表25 日本でも、若者の失業率は相対的に高い

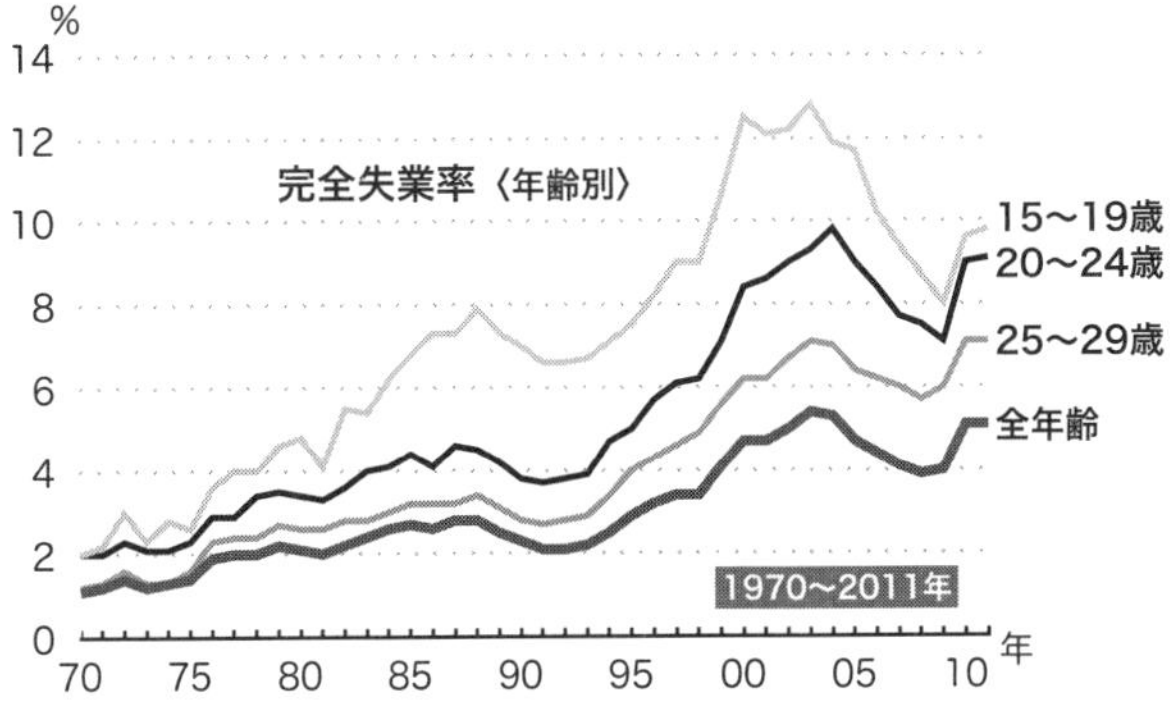

（出所）総務省ホームページ

のでしょうか、社会全体でよく考える必要があります。

3つ目のデータを示しましょう。日本では、短期的には仕事が不足している（労働者が余っている）一方で、長期的には正反対のこと――労働者不足が心配されています。少子高齢化が進むのですから、当然の心配です。

図表26で日本の労働力人口の推移をみると、日本経済がデフレに突入した1998年をピークに、少しずつ減少に転じています。それ以降、男性の労働力人口は少しずつ減少し、女性の労働力人口はほぼ横ばいで推移しています。少子高齢化がこのあと加速すること（次章でデータを示します）も考えれば、労働力人口の減少は、もうすでに始まっている問題です。

図表26 日本の労働力は、男性が減少、女性が横ばい

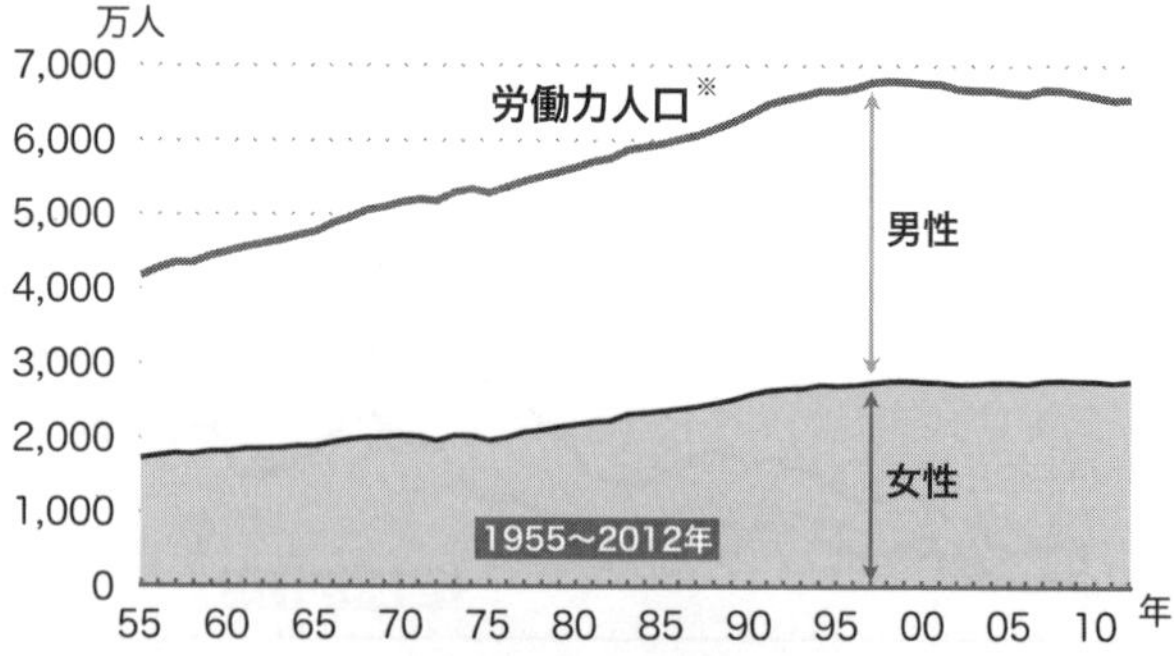

※各年４月の季節調整値
（出所）総務省ホームページ

それなのに、若者の失業率は全年齢の失業率より高く、若者が職を得にくくなっています。日本では、いずれ、若者の労働力がとても貴重になるときがきます。いまから、将来を見据えた労働市場改革をするべきだと思われます。この問題に興味をもった読者には、ぜひ、関連するデータを自分で調べていただきたいと願っています。

考えてみよう！

練習課題Ｅ

図表Ｅは、男女別の失業率の推移を示したものです。このグラフから読み取れる特徴として、あなたはどんなことに気づきましたか？

（答えは228ページ）

図表Ｅ　日本の男女別の完全失業率

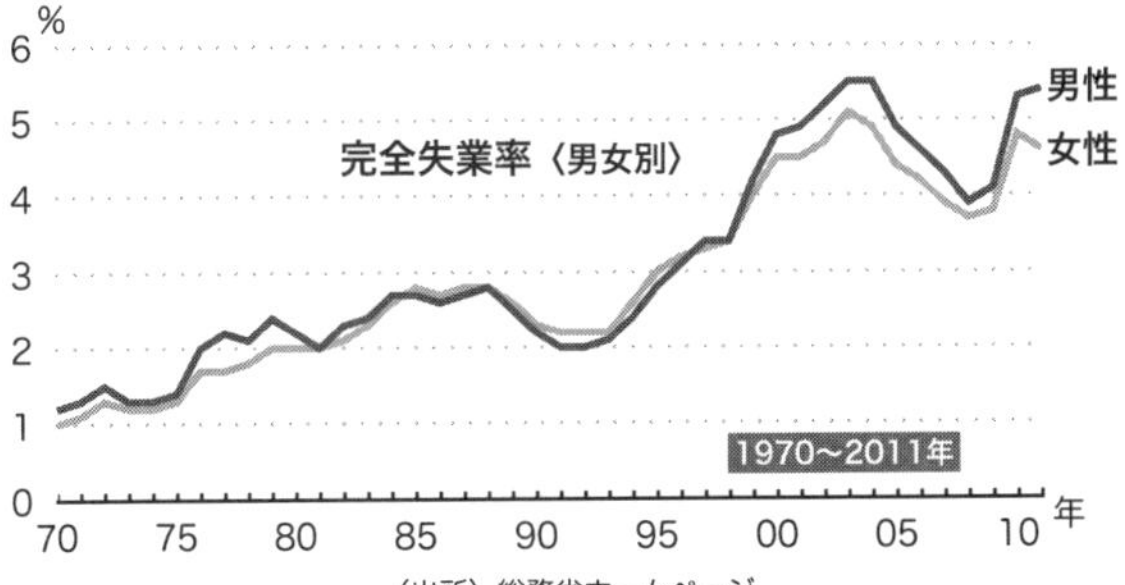

（出所）総務省ホームページ

練習課題F

図表Fは、若者の非正規雇用の比率がどう推移してきたかを示したものです。15～24歳の若者についてグラフ化し、全年齢のデータと比べていますが、学生もたくさんふくむ年齢層ですから、在学中の学生を除いたデータも示しています（こちらに注目するべきでしょう）。このグラフから読み取れる特徴として、あなたはどんなことに気づきましたか？（答えは229ページ）

図表F　若者の非正規雇用の比率

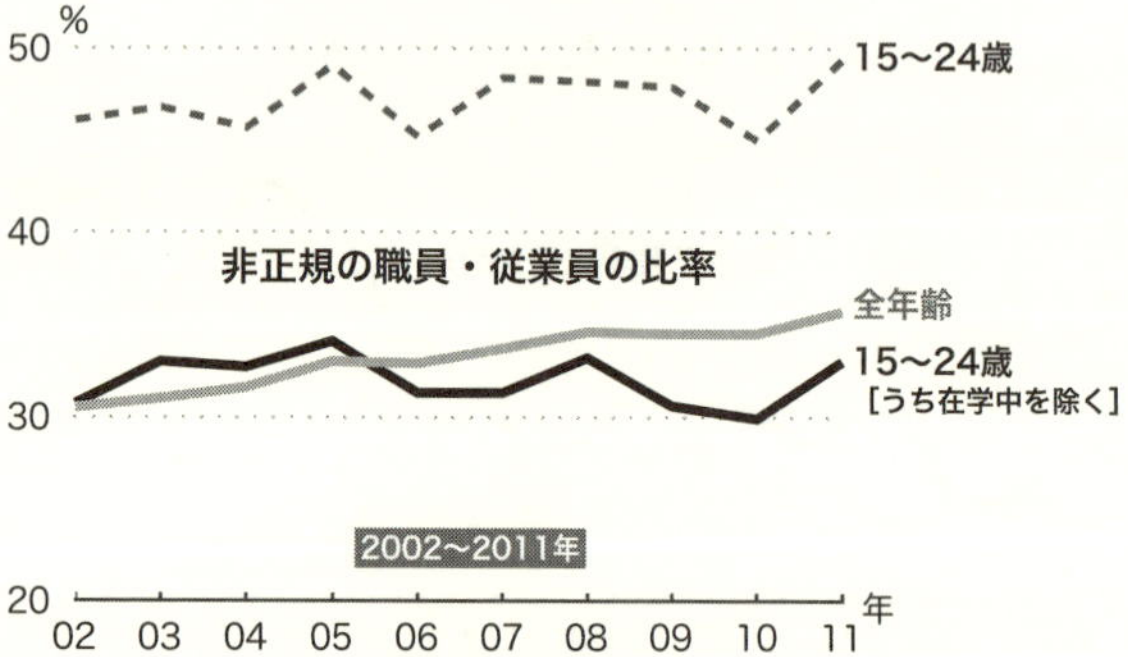

（出所）総務省ホームページ

第4章

日本に住む人たちの将来

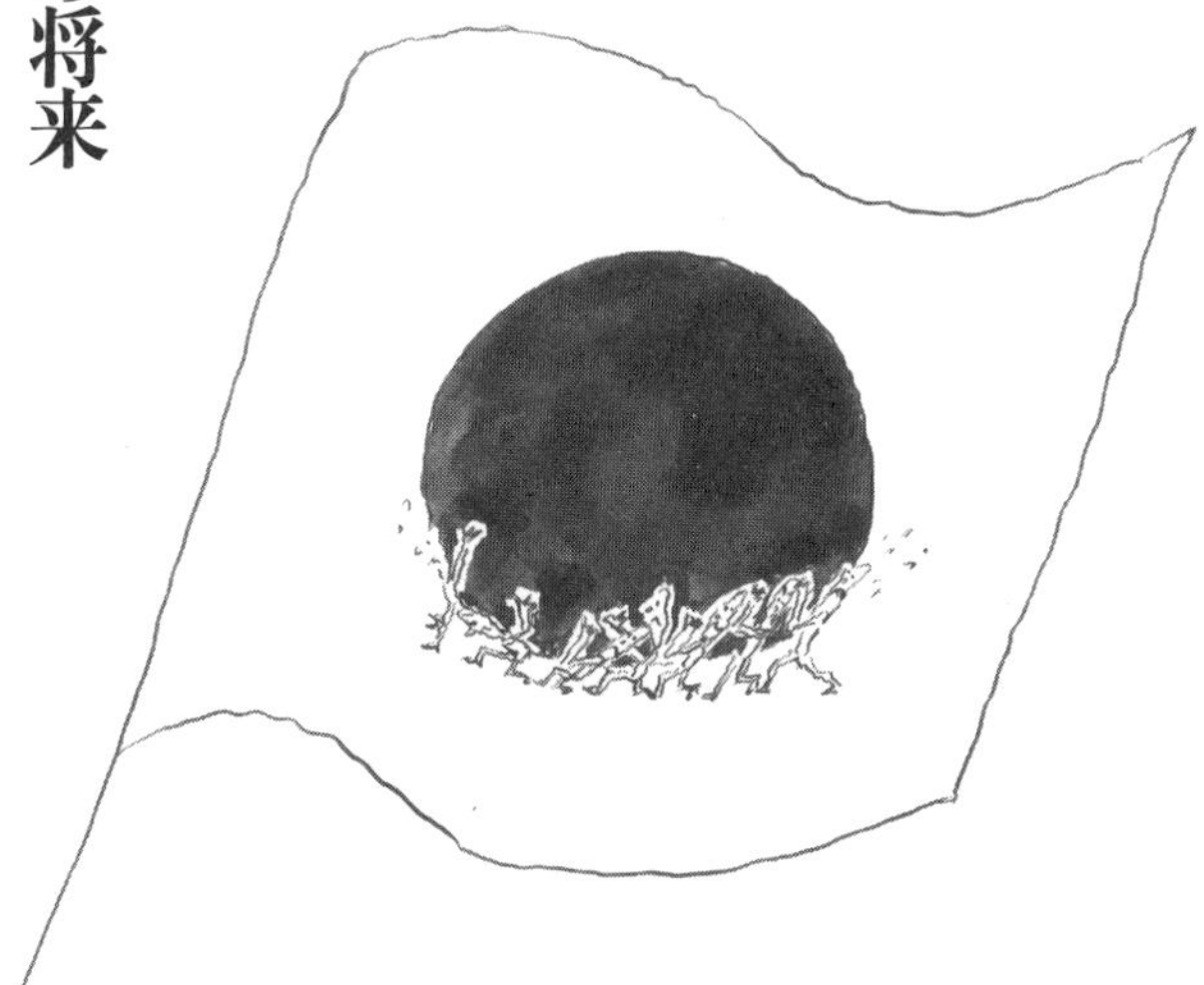

†日本は世界有数の人口大国

あるとき、「日本の農業生産は世界第5位で、それは日本の農業の競争力が高いからだ」といった趣旨の主張をみました。しかし、肝心なことが指摘されていませんでした。日本の人口は世界のトップ10に入ります（2010年時点で、ちょうど10位です）。先進国に限定すれば、アメリカに次いで第2位です。そんな日本人向けに農作物をつくっているのですから、日本の農業生産が世界第5位でもなんの不思議もありません。

そもそも、日本は農業貿易でいろいろな制限をしていますし、多額の補助金で農業を保護しています。それなのに、人口のことは無視し、競争力と結びつける分析は、あきらかにおかしなものでした。

日本の過去の人口についても、誤解している人がいるようです。正しい数字を示したのが、図表27です。日本が降伏して第2次世界大戦が終わったのが1945年で、それから5年後、敗戦から立ち直ろうとしていた1950年に、世界各国の人口ランキングは、図の左下のようになっていました。1位が中国、2位がインド、3位がアメリカ合衆国なのは、2010年と変わりません。4位がロシア連邦（旧・ソビエト連邦）で、そのつぎの

図表27 日本は人口が多いから経済大国になれた

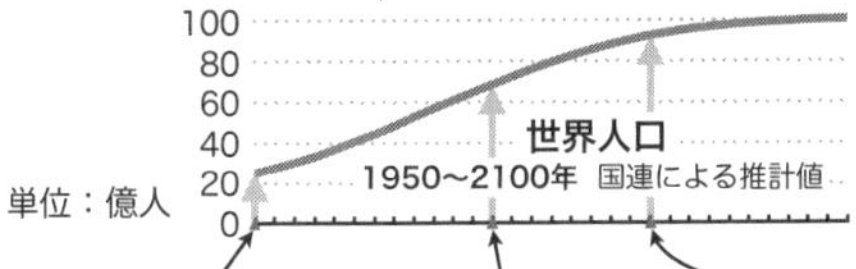

1950年

	国名	人口
1	中国	5.57
2	インド	3.72
3	アメリカ合衆国	1.58
4	ロシア連邦	1.03
5	日本	0.82
6	インドネシア	0.75
7	ドイツ	0.68
8	ブラジル	0.54
9	イギリス	0.51
10	イタリア	0.46
11	フランス	0.42

2010年

	国名	人口
1	中国	13.41
2	インド	12.25
3	アメリカ合衆国	3.10
4	インドネシア	2.40
5	ブラジル	1.95
6	パキスタン	1.74
7	ナイジェリア	1.58
8	バングラデシュ	1.49
9	ロシア連邦	1.43
10	日本	1.27
11	メキシコ	1.13

2050年（予測）

	国名	人口
1	インド	16.92
2	中国	12.96
3	アメリカ合衆国	4.03
4	ナイジェリア	3.90
5	インドネシア	2.93
6	パキスタン	2.75
7	ブラジル	2.23
8	バングラデシュ	1.94
9	フィリピン	1.55
⋮	⋮	⋮
16	日本	1.09

（出所）国立社会保障・人口問題研究所ホームページ

5位が日本です。

国土がさほど広くない日本が、1950年には世界5位の人口大国だったなんて、驚いた読者がいるかもしれません。あまり指摘されないのですが、日本が戦後に高度経済成長を成し遂げた理由のひとつとして、人口の多さがあります。

第1次石油ショックのあと、世界経済をリードする5カ国がG5（先進5カ国財務大臣・中央銀行総裁会議）を開くようになりました。アメリカ・日本・ドイツ・イギリス・フランスの5カ国でした。やがて、イタリア・カナダが加わり、G7となりました。

もう一度、1950年の人口ランキングをみてみましょう。いま先進国と呼ばれている国のうち、人口が多かった国が、数十年後に世界経済のリーダーになったとわかります。そのあと21世紀に入って、新興国としてもてはやされるようになったBRICs――ブラジル・ロシア・インド・中国も、そのときの人口ベスト10に入っています。

当時の人口ランキングが6位だったインドネシアも、軍政を脱してからは高成長を続けて、経済大国に向かっており、人口規模が大きいほど、経済発展しやすかったといえます。日本は、人口が多いから経済大国になれたのです。……ただし、グローバル化が進んだいまは、国単位の人口がもつ意味は小さくなりつつあるのかもしれません。

図の下側を左から順にみると、2010年時点でも人口ベスト10に入っている先進国は、アメリカと日本だけに減りました。日本は昔から人口大国（世界5位）で、いまも、昔ほどではないものの人口大国（世界10位）なのです。

そして、2050年には世界16位に転落すると予想されています（この推計は国連によるもので、いまの日本政府や民間機関はもっと日本の人口は減ると予想していますから、順位はもっと下がるかもしれません）。ただ、200以上の国があるなかの16位ですから、相対的に人口が少ないとはいえません。1億人前後か、それ以上の人口がいる国は、いまも将来も世界中にそう多くはないのです。

コラム

国際比較のむずかしさ

23ページの図表2で、若者の失業率の国際比較をしたとき、国によって定義が少し異なることを述べました。それでもまだ、失業率は国際比較がやりやすいほうのデータです。数量（人数）が基本となるデータだからです。

他方で、価格と金額のデータは、日本とは異なる通貨を使っている国々との比較になります。たいていは、各国の通貨で公表されている金額を「為替レート（156ページで説明）」と呼ばれるもので換算して、表示通貨を日本円や米ドルなどのどれかひとつに統一して、比較します。米ドルに統一することが多いのは、米ドルが世界でいちばん通用する通貨――**基軸通貨**（Key Currency）だからです。

あるいは、各国の経済規模と比較する方法もあります。190ページで紹介する「名目GDP」は経済規模を示す金額のデータですから、各国のなにかの金額を名目GDPに対する比率で表示することもよくあります。

本章の最後で取り上げる「政府の借金」は、国際比較のときには「名目GDPに対する比率」を比べることが一般的です。通貨のちがいだけでなく、経済規模のちがいも調整できるからです。

国全体で集計した数量や金額について、先ほど取り上げた「人口」で割って、「ひとり当たり」の数量や金額をみることもあります。人口規模のちがいを調整したいときには、この方法を使います。ただし、たとえば「ひとり当たりの魚の消費量」はそのまま国際比較ができますが、「ひとり当たりの貯蓄金額」は、やはり同じ通貨での表示になるように為替レートでの換算をしないと、国際比較ができません。

もっとも、為替レートは大幅に変動することがあり、国際比較の結果――ランキングを左右することがよくあります。比較したいデータがほとんど変化していないのに、ただ為替レートが変化しただけで、あるデータにおける日本の順位が、世界1位から急落するといったことは、実際にあった（これからもある）のです。たとえば、日本の対外援助の金額がそうです。

国際比較の前に、物価変動を調整しておくべきデータもあり、その場合、31ページで説明したように国民の消費行動を全体にしたバスケットで計算した物価指数が利用されます。このバスケットは、国によって大幅に異なります。……コメや魚の消費量が異なることを考えれば、わかるでしょう。

他にもいろいろな事情があって、とにかく国際比較はむずかしいといえます。Aのデータの国際比較をしているつもりが、じつはBのデータで左右されるランキングに一喜一憂するといったことにならないように、気をつけてください。

†日本の人口は減り始めている

日本の人口については、少子高齢化が大きな問題とされていますので、基本データをひとつ示しておきましょう。図表28です。人口はすでに減少し始めていて、そのうえ、64歳以下の人口がどんどん減り、構成比としては、65歳以上や75歳以上の比率がどんどん高まります。

もっとも、長期の人口予想は誤差も大きくなります。グローバル化がさらに進めば、海外からの移住や海外への移住が、日本の人口を大きく変える可能性があります。あくまで誤差を意識しながら読むべきデータですが、日本の将来について論じるときには、アタマ

図表28　急速に少子高齢化が進むと予想されている

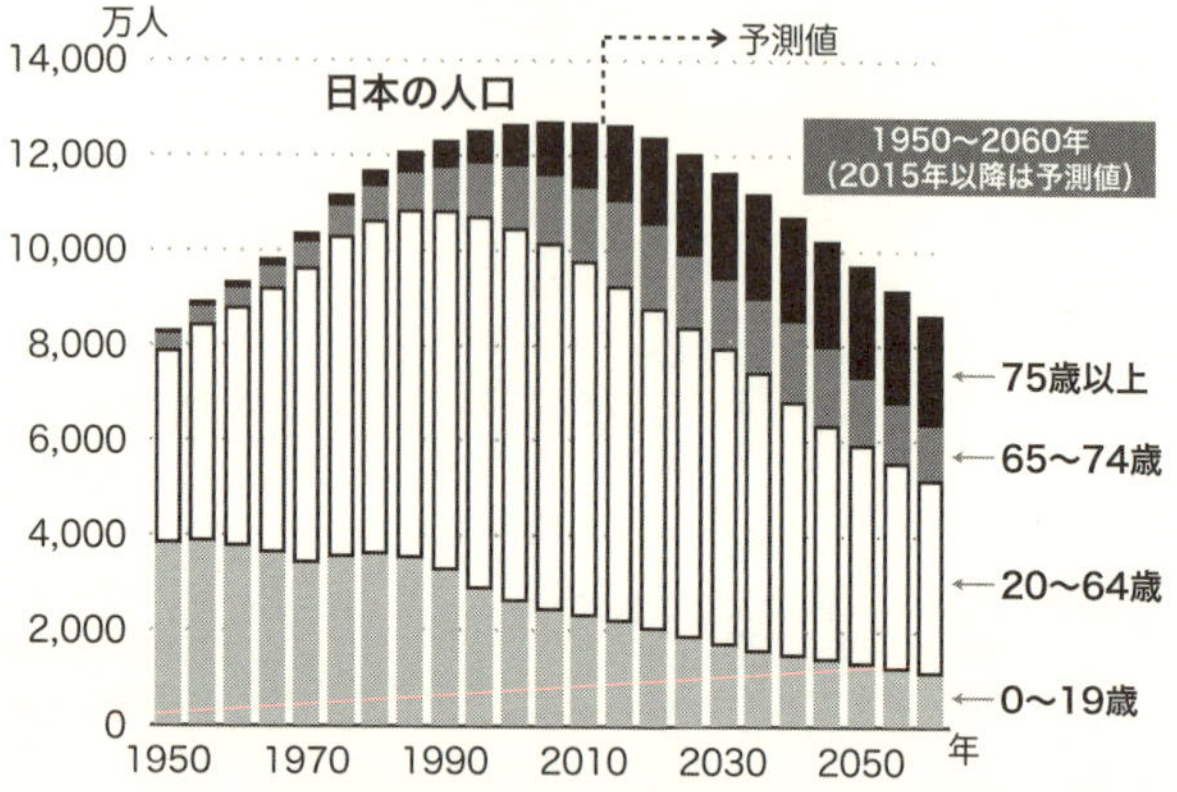

（出所）国立社会保障・人口問題研究所ホームページ

のなかに入れておくべきでしょう。また、人口は、経済に大きな影響をもたらすことを、よく覚えておいてください。

人口減少が影響を及ぼしやすい産業分野の例をひとつ、ここで挙げておきましょう。住宅産業です。図表29に、日本の新規住宅着工戸数のグラフを示しました。1990年に株価と地価のバブルが崩壊しましたから、それによるマイナスの影響が強くあったでしょう。他方で、バブルで高騰していた地価が大幅に下がったのですから、マイホームを建てやすくなった部分もあったはずです。

結果をみると、長期傾向として新規住宅着工戸数は明らかな減少傾向にあります。人口減少と少子高齢化の進行が視野に入っていま

図表29 縮む日本の住宅市場

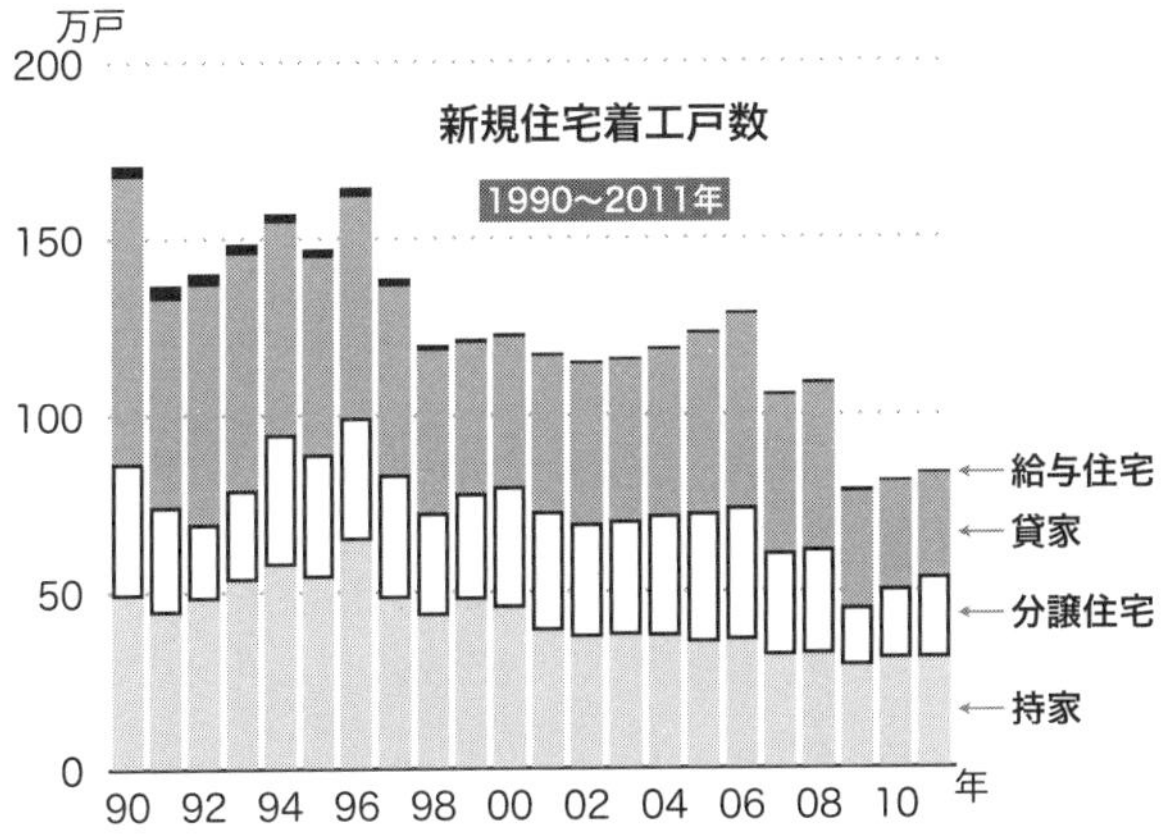

（出所）国土交通省ホームページ

したから、日本の住宅市場が縮むのも仕方がないのかもしれません。

とはいえ、地価バブルは日本銀行が政策的に崩壊させたという経緯があります。その目的のひとつは、地価を下げ、日本国民が住宅を取得しやすくするためでしたから、皮肉な結果になっています。

また、グラフをよくみると、日米の不動産バブル崩壊があった１９９１年（日本）と２００７年（アメリカ）と、景気悪化がひどかった97年、98年、09年に、住宅着工が大きく落ち込んでいます。長期のトレンドは、人口や年齢構成の影響を受け、短期の変動は、不動産価格や景気の影響を受けているようにみえます。

ところで、住宅を買う人の多くが「住宅ローン」を組みます。銀行などからおカネを借りるわけです。住宅は、人生における最高額の買い物になることがふつうで、ふつうのビジネスマンが数千万円のおカネを借ります。これを10～30年という長期で返済するため、それまでに支払う金利はとても多額になります。単純に合計すると、借りたおカネよりも、支払う金利の合計のほうが大きな金額になってもおかしくありません。

住宅ローンの金利には、いろいろな選択肢があり、どれを選ぶかで、結果として支払う金利は大幅に異なります。ただ、競馬などのギャンブルと同じで、どの選択肢が当たりでどれがハズレなのかを、選ぶときに知ることはできません。では、実際に住宅ローンを組んだ人たちは、どのタイプの金利支払方式を選んだのでしょうか。

図表30には、２００５～１０年に民間の住宅ローンを借りた人たちが、どのタイプを選んだのかが示されています。「変動金利型」と呼ばれるタイプが急増していて、05年には約10％の人しか選ばなかったのに、10年には50％を超える人が変動金利型を選ぶようになりました。

この時期には目先の金利が低く、そのあとの金利はいつも変動するというのが、変動金利型の特徴でした。変動によって金利が跳ね上がるリスクがありますが、日本の景気は長

図表30 住宅ローンは変動金利型が主流になってきた

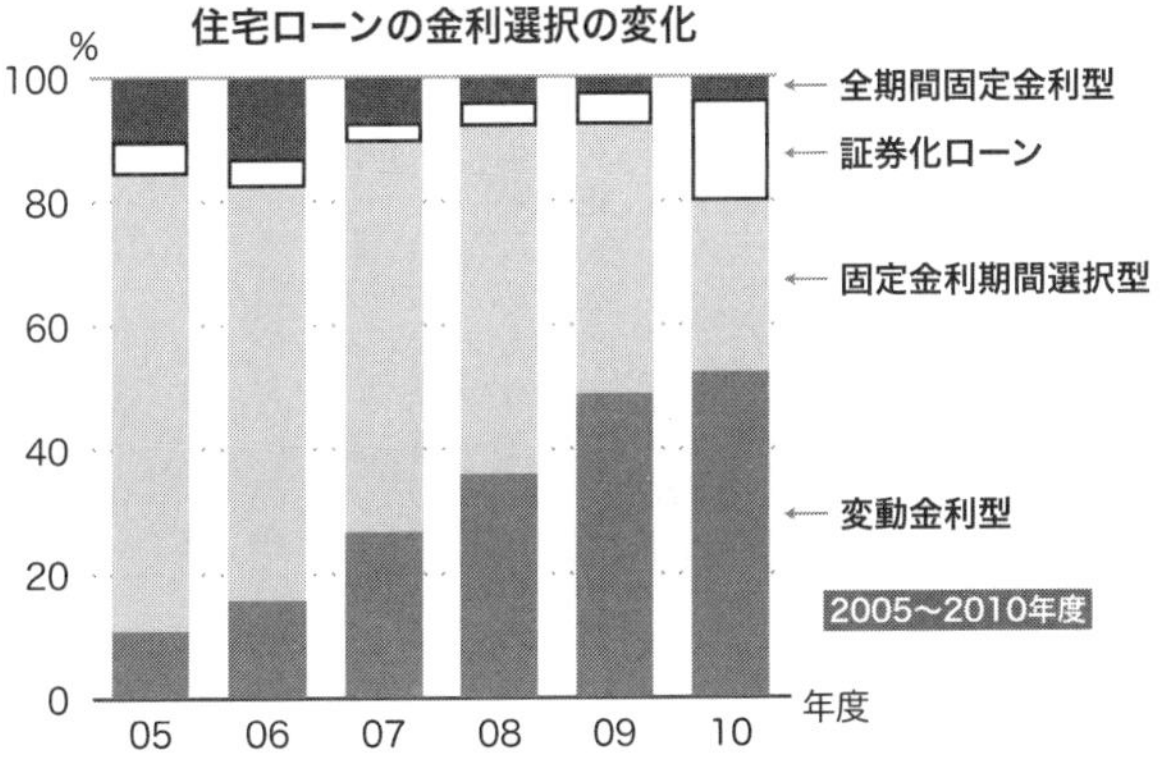

（出所）国土交通省『平成23年度 民間住宅ローンの実態に関する調査結果報告書』2012年3月

期的に回復しないし、デフレ脱却もできないと強く予想する人にとっては、このタイプが有利にみえます。つまり、日本経済はもうずっと回復しないと予想する人が大幅に増えてきたことが、このデータからわかります。

†日本政府の借金依存はたしかに深刻

日本経済についての不安要素ばかりを並べてきましたが、最近、もっとも強い不安の対象になっているのは、日本政府の借金体質です。リーマンショックのあとから、欧米のいろいろな国で政府の借金が問題視され、「財政不安」とか「政府債務危機」などと呼ばれる状況になりました。……政府のおカネの収入や支出などのことを「財政」といい、政府の借金のことを「政府債務」といいます。

借金の深刻さは、基本的に2つの視点から把握されます。第1は、毎年の予算での借金がどれほどあるかです。日本政府は、1年度ごとに予算を組み、どれだけの収入があるかを見積もり、それをどんな政府活動に支出するかを計画し、それを執行します。……政府の財政では、収入を「歳入」、支出を「歳出」といいます。

予算を組むのは**財務省**の仕事で、政府のサイフの紐《ひも》を財務省が握っているわけですから、日本政府の省庁のなかでも、財務省が特別に強大な力をもっているといえます。当然ながら、日本の財政についての統計は財務省のホームページで調べられます。

最近の財務省は、日本政府の借金のひどさを国民にアピールするために、できるだけわかりやすく工夫したホームページを用意しています。国際比較のデータも豊富です。本来は、そちらをあれこれ読んでもらいたいのですが、基本的なデータを整理して示しましょう。まず、2012年度の予算をまとめたのが、図表31です。

図の左側が歳入（収入）の構成を示しています。左端の積上棒《つみあげぼう》グラフがおおまかな構成を示し、その右のグラフがより細かな構成を示しています。約90兆円の予算規模で、恐るべきことに、借金を意味する「公債金収入」が歳入のほぼ半分（49％）を占めます。毎年

図表31 毎年の借金がないと日本政府は活動できない

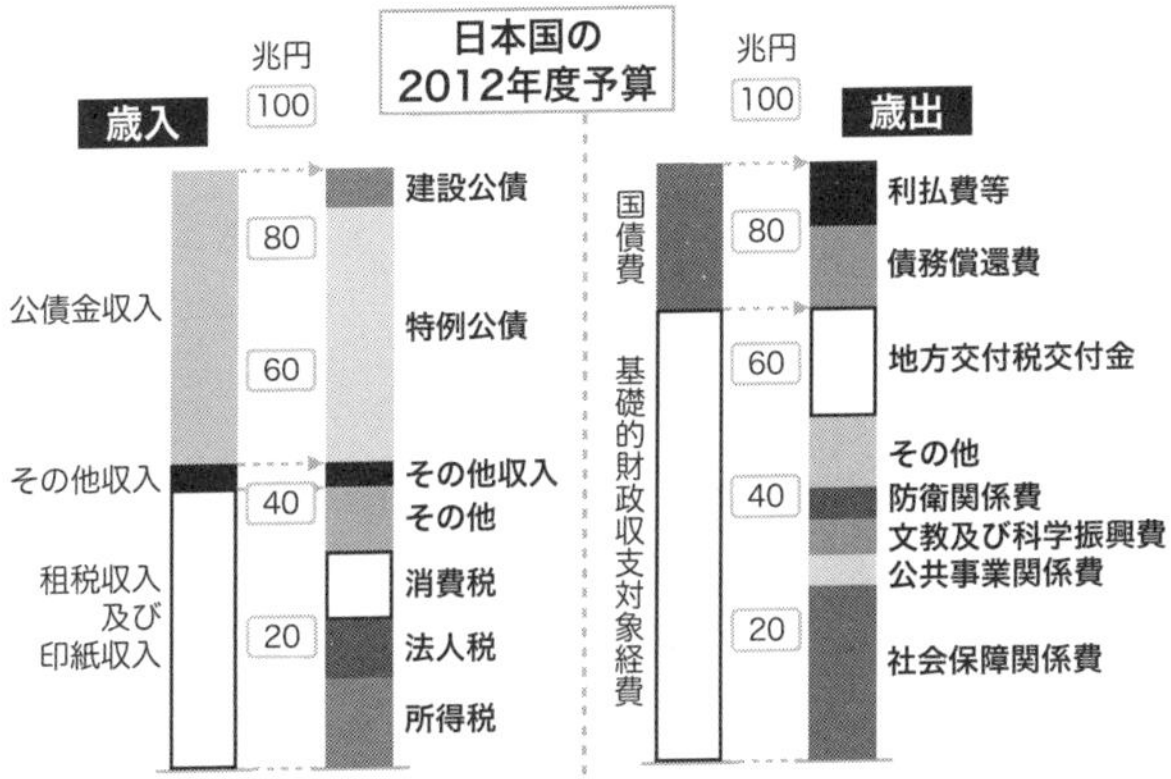

（出所）財務省ホームページ

巨額の借金をするという前提で、予算が組まれているわけで、財務省のエリート官僚が危機感をもつ気持ちもわかります。

借金は、国債（公債）と呼ばれる債券（わかりやすくいうと、売買できる借用証）を発行しておこなわれます。道路などの施設をつくるための借金は「建設国債（グラフでの表示は建設公債）」で、単純な借金は「特例国債（特例公債）」でおこなわれますが、後者の特例国債のことを、ふつうは「赤字国債」と呼びます。消費税・法人税・所得税の税収見込みもグラフで示していますが、やたらに少なくみえてしまいます。

おまけに、図の右側で歳出の構成をみると、大分類のなかに「国債費」があり、約22兆円になっています。これは、過去に借りた借金を少しずつ返したり、金利を支払ったりする必要がありますので、その合計額を示しています。２０１２年度は、新たに約44兆円の借金をして、過去の借金の金利支払と返済に約22兆円を使うことになっていました。借金の金利などを支払うために借金をしている感じで、これが個人なら、深刻な多重債務者だといえます。

毎年の予算での借金とは別に、過去から累積した借金の残高もみるべきです。政府の借金のことを「財政赤字」と呼ぶことが多いのですが、広い意味では、毎年の予算での借金も、過去からの累積の借金残高も、ともに財政赤字と呼ばれます。両者をきちんと区別したいときは、毎年の予算での借金の大きさを「財政赤字」などといい、過去からの累積の借金残高を「政府債務残高」などと表現して、区別します。

図表32は累積の借金残高を示しています。日本政府は、おもに国（中央政府）と地方自治体（地方政府）から構成されていて、地方自治体も地方債を発行して借金をしています。国債や地方債の発行とは別の方法でも借金をしていますので、いくつかの集計方法があり、そのうちの２つをグラフ化しています。

図の左側の「国・地方の長期債務残高」は、９４０兆円になっています。これだけでも

図表32 日本政府の借金残高はおおよそ1,000兆円

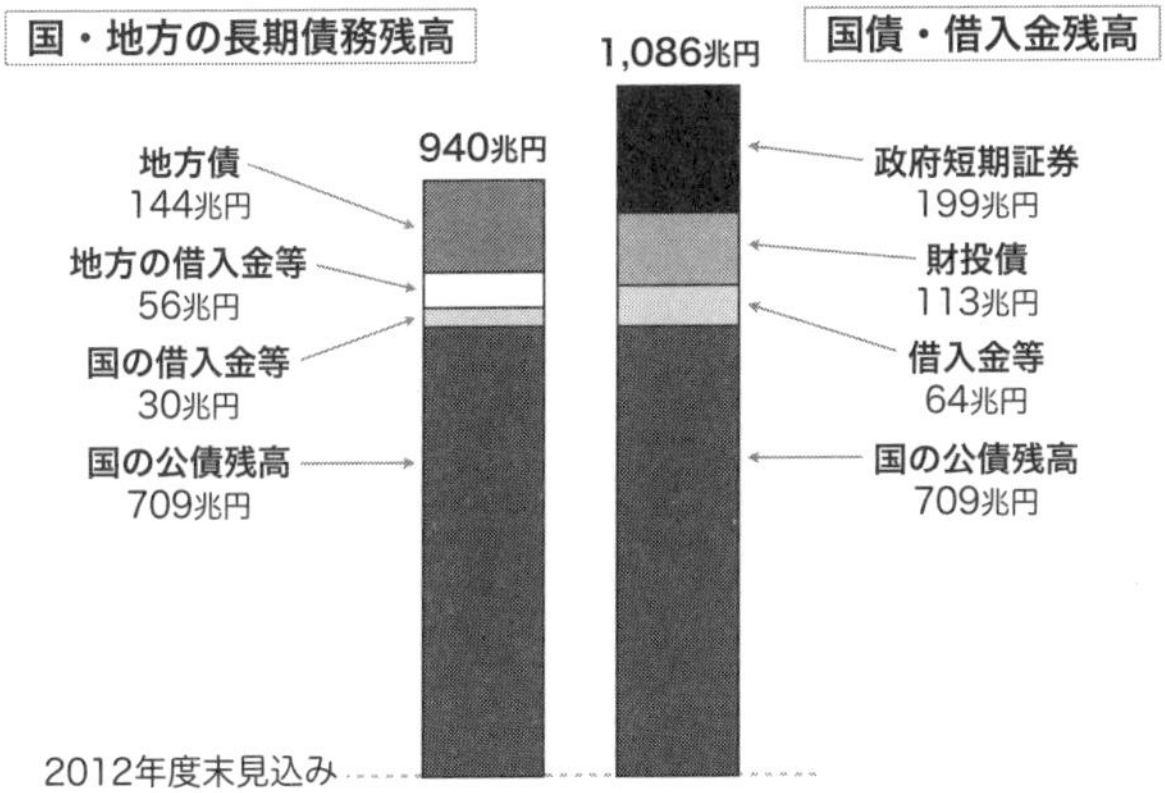

（出所）財務省ホームページ

すごい数字ですが、図の右側の「国債・借入金残高」は、1000兆円を超えて、1086兆円になっています。これらは、2012年度末（2013年3月31日）にこの残高になる見込みの数字です。……これ以上くわしい説明や最新情報を読みたい人は、ぜひ、財務省のホームページをご覧ください。

考えてみよう！

練習課題G

政府の財政赤字が深刻なとき、基本的な解決方法は2つです（裏技的なものが他にありますが、ここでは考えないことにします）。単純に、基本的な歳入――税収を増やすか、あるいは、歳出を減らすかです。前者は「増税」を意味し、後者は「政府規模の縮小」を意味します。

どちらを選ぶかは、結局、政府規模についての選択になります。日本政府の経済活動規模は、図表Gで示されます。適正かどうかは、国民ひとりひとりが判断し、政治家がそれを集約して選択すべきです。あなたがもし、増税の負担をしてでも、この規模が維持されるべきだと思えば、増税を支持すべきです。

あなたがもし、政府規模が大きすぎると感じるなら、歳出削減を支持すべきです。ただしその場合、あなたが政府から受けているいろいろなサービスが大幅に低下することも覚悟しましょう。さて、あなたはどちらを選びますか？ （答えは231ページ）

図表G　日本の経済活動に占める政府部門の大きさ

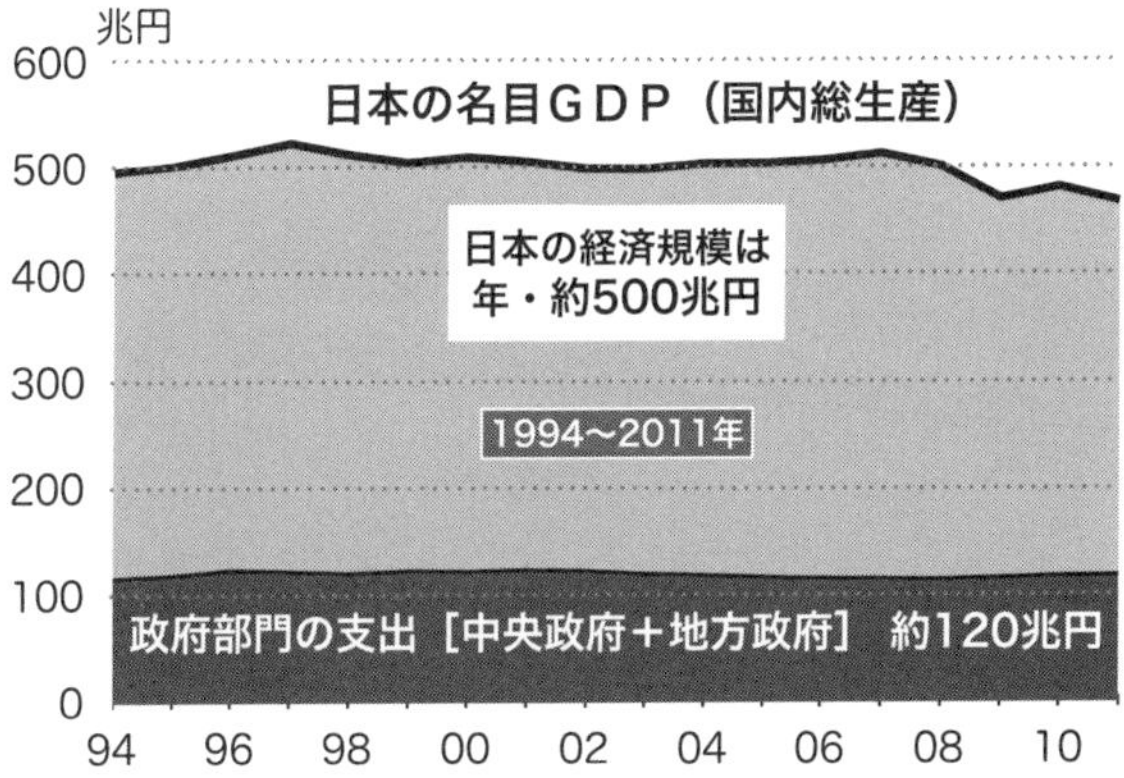

（出所）内閣府ホームページ

第5章

金融の世界での感覚

†まずは、国債の金利を把握しよう

金融とはなんでしょうか？　あとの第7章でデータを示しますが、日本経済も世界経済も、過去20年以上にわたり、金融危機やら金融市場のバブルやらに振り回されてきました。株式投資や外貨投資などでおカネを増やしたいなどとは考えていない、ふつうの人にとっても、いまの経済を理解するには、金融について知ることが不可欠になっています。そこで本章では、金融の世界をながめるための基本データを紹介します。

では改めて……、金融とはなんでしょうか。わかりやすくいえば、広い意味でのおカネの貸し借りのことです。金融の本質をきちんと説明するための定義は別にありますが、面倒な話になります。ここでは、金融の定義にはこだわらず、現実の金融の世界をみるうえでポイントになるデータを並べることで、金融の感覚をつかんでもらいます。……ただし個別のデータについては、それがなにを示すかの定義をきちんと確認しましょう。

筆者は、大学を卒業したときに大手の銀行に就職しました。社内研修で「金融センスを磨くには、これとこれと……のデータを毎日ノートに記録するといい」と教えられました。最重要のものだけで10種類以上のデータが挙げられていたと思います。……筆者もさっそくノートに記録し始めたのですが、三日坊主で終わりました。

このように、金融の世界で活躍しようと思えば、たくさんのデータを読む必要があるとされているのですが、筆者は、まず1種類だけを読むことから始めればいいと考えます。そして少しずつ、読むデータの範囲を広げるほうが効率的です。

現実の金融について理解するためには、なによりも「国債」の金利をチェックすることです。前章で、政府（国）が借金をするときに発行する債券（売買できる借用証）として紹介した国債です。

127ページの図表32をみると、「国の公債残高」は700兆円を超えています。これが日本政府が発行してまだ償還（元本の返済）をしていない国債の残高で、約700兆円ぶんの国債が、誰かの手元にあることになります。わざわざいうまでもなく、700兆円はとんでもなく大きな金額です。

いまや、たいていの国では国債の発行残高が巨額になっていて、そうした国債は銀行などの金融機関によってひんぱんに売買されます。日本政府が発行する国債は、満期（返済までの期間）が10年のもの――10年物国債が中心ですが、発行された直後から、銀行などがギャンブル（投機）的な売買の対象にします。……不況下でもメガバンクが高い利益を稼いでいるときには、そうした国債の売買――トレーディング（ディーリング）による利益が大きな割合を占めていたりします。

国債には、いろいろな満期のものがあり、また、3年前に発行された満期10年の国債は、いまでは満期まで7年になっていますから、事実上は満期7年（正確にいえば、残存期間7年）の国債として売買されます。10年より長い、満期30年の国債も発行されています。

国債の金利は、発行時に決まっているものが多いのですが、国債が売買されている市場では、経済状況の変化に応じて金利が変動するかたちになります。このあたりの説明はややこしいので省きますが、発行後の国債が売買される「流通市場」で決まる金利を「利回り」と呼びます。

現実の**日本国債の利回り**（**金利**）をみたのが、図表33です。流通市場での売買に応じて、毎日どころか時々刻々と変動します。これは、2012年7月27日のデータとして、金融情報提供をおこなう企業の**ブルームバーグ**がホームページに掲載していた値を、グラフ化したものです。

償還までの期間が1、2、3、……、10、15、20、30年の国債について、それぞれの利回りをみると、たとえば1年物は0・1％、10年物は0・75％、30年物は1・78％という

図表33 まず国債の金利をチェックすることが基本

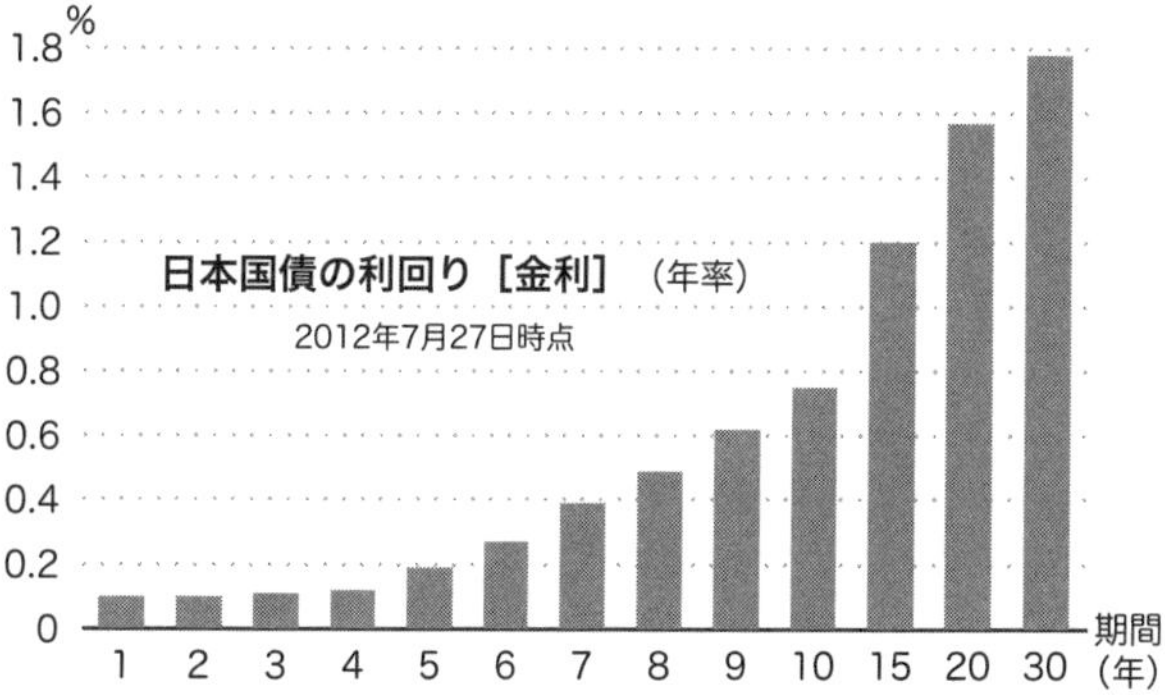

（出所）Bloombergホームページ

ように、短期ほど低く、長期ほど高くなっています。償還までの期間と利回りの関係は、このようなパターンになることがふつうです。

ただし、長期になるほど利回りが低くなるときもあります。将来、もっと強い不況になると予想する人が多いときに、そうした逆転現象が起きます。国債の利回りがどう変動するのかをきちんと勉強しようとすると、かなりの時間がかかりますが、国債の利回りは、その国の金融市場をみるときの基本データとなります。

国債の利回りは、他のいろいろな金融データをみる際の〝物差し〟となります。理由はいくつもありますが、おもな2つを挙げます。第1に、国債はその国の金融資産のなかでいちばん安全な資産だといえます。第2に、国債の発行残高は莫大で、売買も活発ですから、日々のデータがしっかりとれます（もし売買がない日があると、その日の利回りはデータなしになります）。

読者がもし、老後に備えて15年間の資産運用をするつもりなら、まずは、期間15年の国債の利回りをみておき、これを基準にして運用先を評価すべきです。また、読者がもし、企業の財務担当者として7年間の借金について銀行と交渉する立場なら、期間7年の国債の利回りをアタマのなかに入れておき、それよりどれくらいまで高い金利なら借りるかを、前もって考えておくべきです。

海外の金融資産に投資をするときも、まずは、自分が資産運用をしたい期間での、その国の国債の利回りを調べておくといいでしょう。とにかく、国債の利回りとの比較で考える習慣を身につけてください。

なお、金利が高いか低いかを評価するためには、物価上昇率も考えなければなりません。この点については、つぎのページのコラムで解説します。

コラム

実質と名目①

筆者は2009年に、シリーズ物の本格的な経済学教育番組としてはおそらく日本初といえるテレビ番組シリーズ、『出社が楽しい経済学』を監修し、自らも毎回出演していました。第1シリーズ12回、特別編（金融危機特集）1回、第2シリーズ8回で、合計21回分がつくられました。NHK教育テレビと総合テレビで放送され、8冊の関連書籍が出版されました。

このテレビ番組が生まれたきっかけは、企画した番組ディレクターが**実質金利**（Real Interest Rate）という考え方を、きちんとテレビで解説したいと思ったことでした。

当時の筆者は、経済学を大学で学ぶ学生に「せめて実質金利という考え方は覚えておいてほしい」といつも語っていて、そのディレクターが担当し、筆者が出演したNHKの情報番組でも、できれば実質金利の解説をしたかったのですが、断念していました。それが、のちに本格的な経済学教育番組を生んだのでした。

では、実質金利とはなんでしょうか？

私たちがおカネを預金したり、ローン（借金）のかたちで借りたりするとき、たとえば、預金に年1％の金利がついたり、自動車ローンの残高に対して年3％の金利を支払ったりします。経済学用語としては、これらの目にみえる金利を**名目金利**（Nominal Interest Rate）と呼びます。

しかし、金利が高いか低いかの評価をするときには、名目金利をみてもわかりません。名目金利が年20％であっても、金利が低いと感じられるときがあり、逆に、名目金利が年1％であっても、金利が高いと感じられるときがあります。……冗談だと感じるかもしれませんが、真剣な話です。

たとえば1981年のアメリカでは、実際に、年20％の金利はかなり低い金利だと考えたアメリカの一流企業が、年20％を少し超える金利で銀行からおカネを借りていました。また、いま（2012年）の日本で、年1％の金利がつく定期預金があれば、金利がかなり高いと評価されます。

なぜでしょうか。経済合理的に考える人たちは、「物価上昇率」を差し引いて金利を評価するからです。

1981年のアメリカは、2度の石油ショックによって消費者物価上昇率が2桁（年10％）を超えて、さらに高まりそうな感じでした。仮に、これから1年後までに物価が15％上がると予想するなら、いま100万円で買えるモノが、1年後には115万円でないと買えないとの予想になります。そんなときにおカネの貸し借りで年15％の金利がつき、100万円が115万円に増えても、おカネを貸す側は、預金前と同じモノしか買えないのだから、実質的には、金利がついていないと感じます。

これからの消費者物価上昇率として予想される値を超える部分があってこそ、実質的に金利がついたといえるので、実質金利をつぎのように定義します。

実質金利 ≒ （名目）金利－予想される消費者物価上昇率

1981年のアメリカは、石油ショックの影響で消費者物価上昇率が高く、その時点で将来予想される消費者物価上昇率も高かったので、名目金利が年20％でも、実質金利でみると低いと考えた一流企業が、その金利でも平気でおカネを借りていました。

逆に、いまの日本では、マイナスの消費者物価上昇率が予想されやすいので、名目金利は年1%でも、実質金利はもっと高い（名目金利からマイナスの値を引くのだから、実質金利は名目金利よりも高くなる）と評価されるわけです。

こうして「物価上昇率を調整して経済データをみる」やり方は、経済データを読むうえでの基本中の基本です。

†「ゼロ金利政策」とは？

償還までの期間が10年前後、あるいはそれ以上の国債の利回りを、**長期金利**と呼びます。ただし、金融機関などが具体的にどの国債の利回りを長期金利として注目するかは、国によって、かなり適当な感じで決まっていますので、新聞などがその時点で長期金利として報じている金利がどんな条件のものかを、あなた自身が調べる必要があります。

そして、企業がいろいろな方法でおカネを借りるときや、個人が住宅ローンを借りるときの金利は、国債の利回りに連動する部分があります。借りたおカネで企業がおこなう「設備投資」と、個人がおこなう「住宅投資」の増減は、景気に大きな影響を与えます。

つまり、長期金利に代表される国債の利回りの変動は、設備投資や住宅投資を通じて景気に影響します。そこで、金融政策をおこなう中央銀行は、自分たちが誘導できる金利をコントロールすることで、国債の利回りに影響を与えようとします。……この文だけでは、初めて知る人にはわかりにくいでしょうから、もう少しくわしく説明します。

中央銀行は、日本であれば**日本銀行**、アメリカであれば**FRB**（米連邦準備制度理事会）、ユーロ圏では**ECB**（欧州中央銀行）で、貨幣の発行権を握っています。また、民間の銀行におカネを貸したり、民間の銀行からおカネを預かったりします。

民間の金融機関は、日々の営業活動のなかで、おカネが余ったり不足したりします。たとえば預金者は、それぞれ勝手におカネを預けたり、引き出したりします。これが銀行におカネを余らせたり不足させたりするのです。そこで、銀行同士がとりあえずおカネを貸し借りする金融市場があり、これを日本では**コール市場**、アメリカでは**FF市場**（フェデラルファンド市場）と呼びます。

コール市場やFF市場の取引のなかでも、特に重要なのが、明日までの1日（1晩）だけおカネを貸し借りする取引で、これを**翌日物**とか**オーバーナイト物**とか表現します。たった1日であっても、おカネが不足することなどあってはならないのが銀行です。

そこで、どうしても明日までの1日のおカネを借りたい銀行が、貸したい銀行より多いときには、金利が跳ね上がることがあります。銀行であっても、困ったときにはとんでもなく高い金利でおカネを借りてしまうことがあるのです。1980年代のアメリカでは、実際にときどき起きていました。

日本銀行などの中央銀行も、民間の銀行とのあいだでおカネを貸したり預かったりをします。そこで、コール市場でオーバーナイト物の金利が高くなりそうなら、日本銀行がおカネを貸すことで、金利を抑えることができます。逆に、オーバーナイト物の金利が下がりそうなら、日本銀行がおカネを預かることで、金利下落を止めることができます。

実際に、近年の日本銀行やFRBは、このような方法でコール市場やFF市場のオーバーナイト物の金利を、自分たちが定めた水準付近に誘導しています。中央銀行が誘導対象としている超短期の金利を、**政策金利**と呼びます。また、政策金利になっているコール市場・FF市場のオーバーナイト物を、**コール金利・FF金利**と呼びます。

日本の政策金利であるコール金利の推移をみたのが、図表34です。

中央銀行がコントロールするのは、たった1日だけの金利ですが、将来にわたってその金利をコントロールし続けることができます。1日が連続して1カ月、1年、2年、……

図表34 コール金利を誘導するのが「ゼロ金利政策」

（出所）日本銀行ホームページ

となるのですから、オーバーナイト物の金利を誘導するだけでも、長期金利にある程度は影響を与えることができます。しかし、しょせん1日だけの金利ですから、中央銀行の金融政策が長期金利にほとんど影響しないケースもあります。

ポイントは、金融市場参加者の予想、つまり心理面にどれだけ影響を与えられるかにあります。基本的に、金融市場参加者や政府や国民から「頑固者だ」と思われている中央銀行のほうが、人びとの予想に影響を与えやすいので、中央銀行側としては、頑固な姿勢を貫こうとしやすい。しかし、景気対策を優先してほしい政府は、中央銀行に柔軟な対応を求めやすい。こうして、政府と中央銀行がうまく連携できないこともよくあります。

また、政策金利を大幅に下げる政策をおこなうと、株や土地などの資産の市場で、「バブル」と呼ばれる資産価格（株価・地価など）の急上昇が起きやすく、実際に、1987〜89年のバブル経済や、1999〜2000年のITバブルは、日本銀行が政策金利を急に下げた〝低金利政策〟の時期に発生しています。

ニュースなどにときどき出てくる**ゼロ金利政策**は、オーバーナイト物のコール金利やF F金利をほぼゼロに誘導する政策です。グラフからわかるように、21世紀に入ってからは、コール金利がゼロに近い期間が長くなっています。そのため、もはや金利を手段とする景気対策（景気刺激策）は行き詰まっている感じにみえます。

コール金利のグラフをみると、1989〜91年に日本銀行が金利を大幅に引き上げたこともわかります。バブルによって上がりすぎた株価と地価を、下落させようとして、高金利政策に転じたのでした。結果として、株価も地価も急落してバブルは崩壊しましたが、図表35で日本の株価がどう推移したかをみると、バブル崩壊をきっかけに、日本の株価は長期の下落傾向になってしまいました。

この図表35は、じつは大きな欠点をもつグラフです。バブル期の乱高下に比べて、1960〜70年代には株価がゆるやかにしか変動していないように感じられますが、事実と異なります。その時期も、トレンドとしては株価が大幅に上がってきたのでした。この点

図表35 1990年のバブル崩壊後、株価は下落傾向

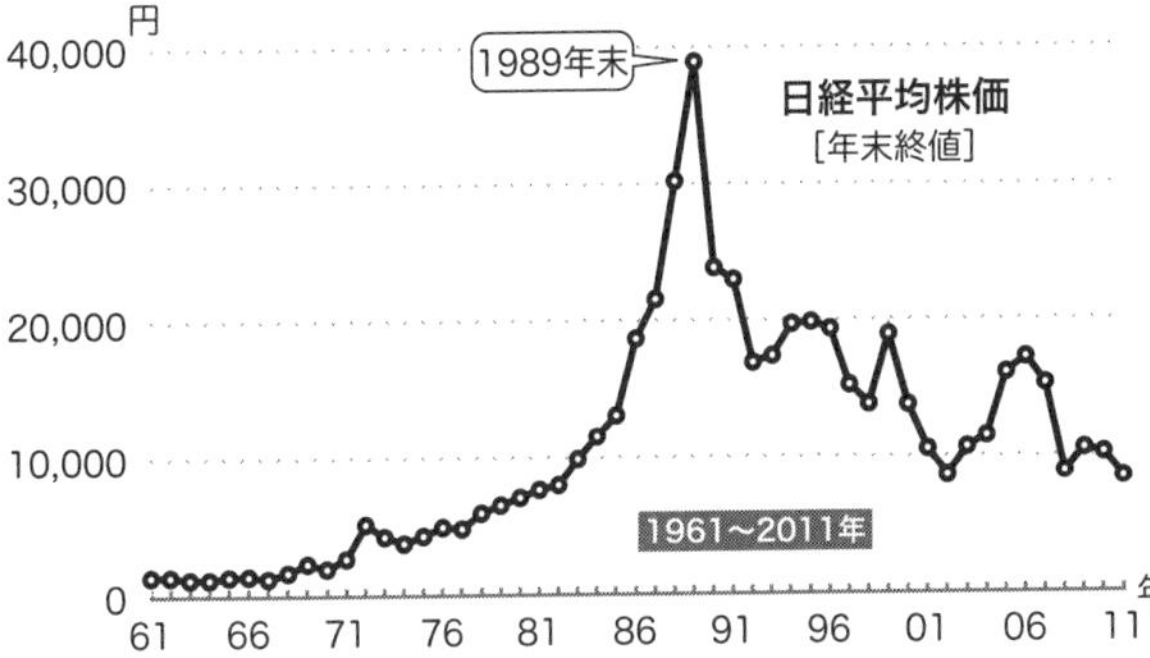

（出所）日本経済新聞社ホームページ

については、１４６ページのコラムで解説します。

なお、図にある**日経平均株価**は、日本を代表する２２５社の株価の平均的な動向を示す指数で、**日本経済新聞社**が計算して公表しています。日本経済新聞社のホームページには、日経平均株価についてのいろいろなデータが掲載されています。

経済統計は、政府機関が公表するものが多いのですが、民間の機関が計算・公表しているもので、重要性が高いものもあります。日経平均株価はその代表例です。

コラム

対数目盛

145ページの図表35は、日経平均株価が1000円台のときから4万円近くに上がるまでの、とても大幅なデータをグラフにしています。他方で、こうした株価指数では、水準よりも「変化率」が重要で、実際に、1960〜70年代の変化率も十分に大きいのです。

ところが、1961年の株価は1433円で、このあたりの水準から1年で2〜3割の株価上昇があっても、幅としては300〜400円程度の変動にすぎませんから、図表35のようなふつうの目盛の設定では、変化率が大きいようにはみえません。ふつうの目盛にすると、長期で大幅に変動してきたようなデータについて、変化率の大小を錯覚しやすいグラフになることが多いのです。

変化幅よりも、変化率のほうが大切な統計データは多数あります。日経平均株価などの株価データもそのひとつです。株価だけでなく、ビジネスでは、前と比べて何%増えたか、何倍に増えたかが重視されるデータのほうが主流だといえます。

図表ウ

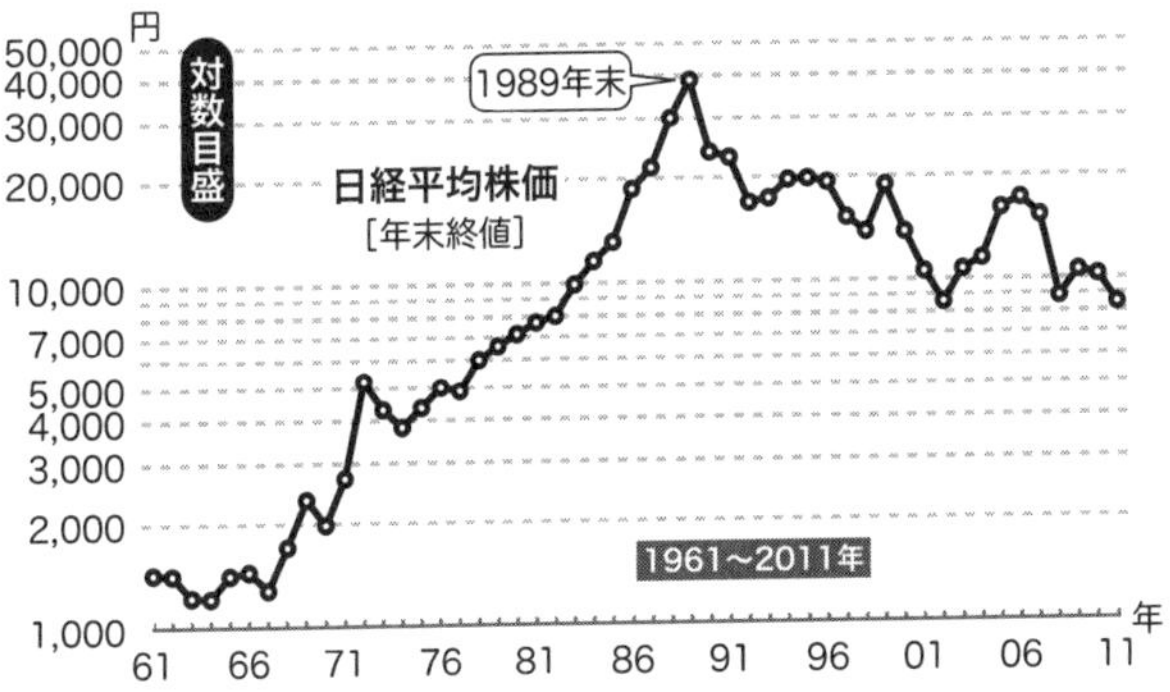

（出所）日本経済新聞社ホームページ

そこで、変化率と折線グラフの傾きが等しくなるように、目盛を調整したグラフがあります。**対数目盛**と呼ばれる目盛です。

対数目盛のグラフ用紙は、昔は、小さな文房具屋さんでも販売していたものです。ところが、いまや都心の大きな文房具店に行っても、たいてい売っていません。せいぜい、理系学部がある大学内の売店で売っているぐらいです。

パソコンの表計算ソフトを使えば、対数目盛のグラフが書けます。ただし、表計算ソフトの対数目盛の機能は貧弱で、細かい目盛の表示ができません。1、10、100とか、0・1、0・01のような

図表エ

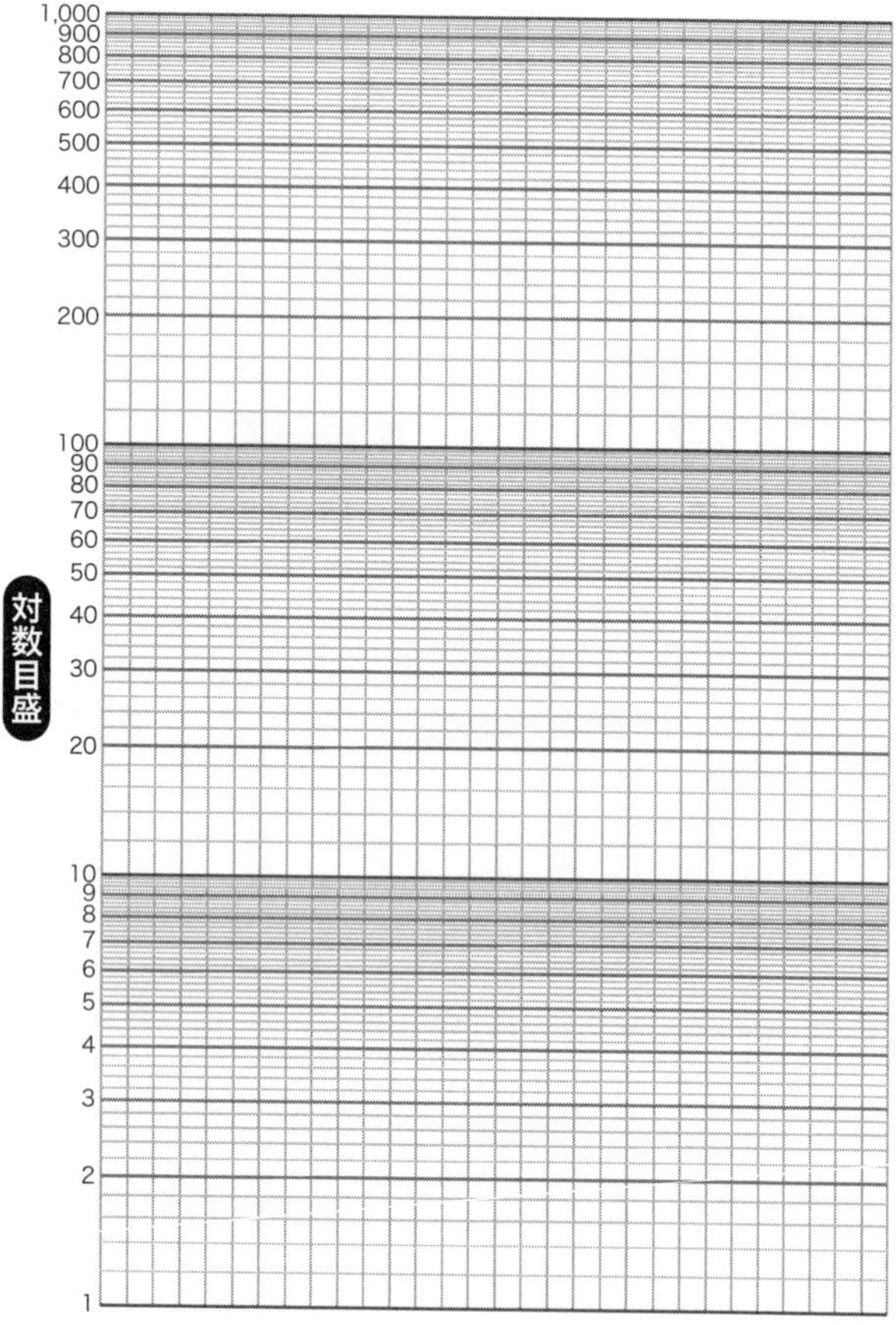
1,000
900
800
700
600
500
400
300
200
100
90
80
70
60
50
40
30
20
10
9
8
7
6
5
4
3
2
1
対数目盛

目盛しか表示できないのです。

筆者は、かつて経済学部の1年生に必修の「経済学のための数学」という講義を教えていました。その際に、対数目盛のグラフ用紙を全学生に配付し、グラフを手書きする経験をさせていました。それほど、対数目盛のグラフは重要だと考えます。

図表35のグラフを、縦軸を対数目盛に変更して、書き直したものが図表ウです。このグラフでは、どの部分であっても、傾きが変化率を意味します。傾きが等しければ、変化率が等しいことを示しますし、傾きが大きいほど、変化率も大きいことがわかります。

じつは、本書ですでに紹介したグラフのうち、図表6、図表10、図表11のグラフは対数目盛にするほうが特徴を読みやすいといえます。厳密にいえば、図表6〜11のすべてを対数目盛にすべきです。

図表エは、対数目盛のグラフ用紙です。実際に、なにかのデータをグラフに書き込むことで、傾きが変化率に対応していることを確認してみてください。

†おカネの量にも注目

中央銀行がおこなう金融政策は、おもに2つの手段を通じておこなわれます。ひとつは、ここまでに説明した政策金利を手段とするものです。もうひとつは、中央銀行が紙幣などの現金貨幣の独占発行権をもつことを利用して、マネーの量を手段とする金融政策です。

ただし、マネー（貨幣、通貨）は現金ばかりではありません。……そもそも、マネーとはなんでしょうか？

世間では、マネー、貨幣、通貨、おカネ、ゼニなどの言葉がごちゃ混ぜに使われて、意味もあいまいなことがふつうです。他方、経済用語としては、マネー、貨幣、通貨はほぼ同じ意味で、「一般的な支払《しはらい》（決済）に使える価値（資産）」のことです。

具体的なマネーの量のデータは、**マネーストック**などと呼ばれ、日本銀行が公表しています。そして、マネーストックは2つに分けられます。なにかの買い物をして、その支払を完了させるには、第1に、現金を支払います。だから、現金はマネーといえます。これを**現金通貨**とか**現金貨幣**と呼びます。

大きな金額での買い物なら、クレジットカードで支払うとか、お店が指定する預金口座

図表36 経済取引に使われるマネーの大部分は……

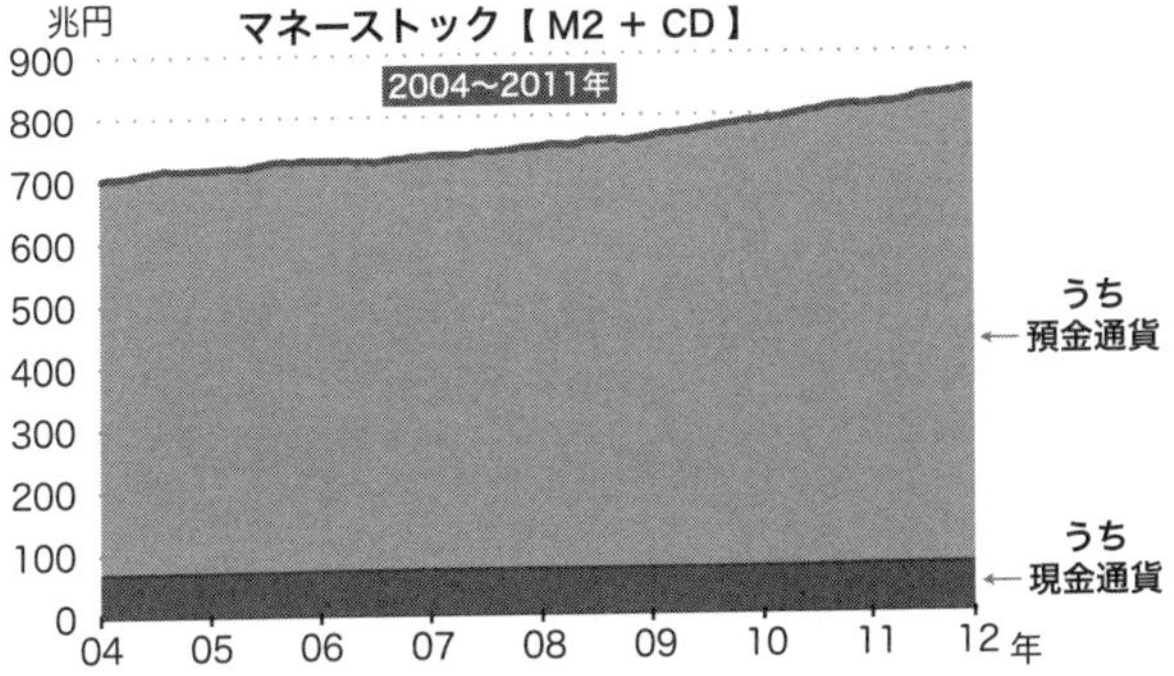

（出所）日本銀行ホームページ

に振込《ふりこみ》をするとかで決済します。このとき、クレジットカードによる支払手続きだけでは、支払は完了せず、預金口座（クレジットカードの決済口座）から預金が引き落とされてこそ、完了します。振込もふくめて、預金が支払を完了させていますから、第2に、預金もマネーにふくまれます。これを**預金通貨**とか**預金貨幣**と呼びます。

　日本銀行が、現金通貨と預金通貨を合計したマネーストックの統計を発表していますので、それをグラフ化したのが図表36です。預金にはいろいろな種類があり、また、預金に近いものでマネーにふくめてもよさそうなものがあります。そこで、どのタイプの預金までを預金通貨にふくめるかによって、マネーストックの統計は何種類もあります。

図では「M2+CD」と呼ばれるものをみています。昔からよく注目されてきたデータです。これをみると、現金通貨の割合はとても小さく、マネーストックの大部分は預金通貨であることがわかります。

日本銀行は、現金通貨の発行権をもっていて、預金通貨の量はある程度は現金通貨に連動します。そのため、日本銀行などの中央銀行は、マネーストック全体を直接コントロールすることはできないものの、マネーストックの一部をコントロールできます。それを利用して、マネーストック全体を動かそうとするのが、量的な金融政策です。

金融政策は、現代の経済活動に不可欠なおカネの金利と量に働きかける政策ですから、うまくおこなえば、強力な政策効果をもちそうです。とりわけ、経済活動が活発すぎて景気過熱の状況にあるときに、それを抑制するのには、効果を発揮しやすいといえます。

しかし、たった1日の金利しか誘導できないのに、それだけで中長期の金利を動かそうとしたり、また、マネーストックの1割未満しか占めない現金通貨がコントロールできることを利用して、マネーストック全体を動かそうとしたりするのが、金融政策です。不況からの脱出のために、経済活動を活発化させたいときには、さほど効果を発揮できないこともあります。

†日本銀行の金融政策の副作用が、石油価格の高騰原因のひとつ

さて、日本やアメリカのような経済大国が、政策金利をほぼゼロにして、マネーの量をどんどん増やす金融政策は、副作用をともないます。設備投資をおこなう企業などがそれでおカネを借りやすくなるだけではないからです。世界中の金融市場でギャンブルをして儲けようとする投資家たち（銀行などの金融機関もふくむ）が、超低金利でどんどんおカネを借りて、いろいろな資産に投資をおこなうのに使います。

最近の日本銀行やＦＲＢは、それでもかまわないから、株式市場や不動産市場におカネが流れ込んで、株価や地価の下落を止めてくれれば、景気にプラスになると考えています。実際に、中央銀行が株を買ったりしています。……昔なら、やってはいけない禁断の政策だと思われたことまでおこなっているのです。

しかし、日本の株価はなかなか上がらず、長期下落傾向にあることを、１４５ページの図表35でみました。では、金融機関などの投資家を経由して世界経済のなかに大量に注ぎ込まれたマネーはどこに向かったのでしょうか。一部は、原油（精製前の石油）・金属（金や銅など）・穀物などの「コモディティ（商品、一次産品）」と呼ばれるものの市場に流れ込

図表37　燃料や原材料の国際価格も株価のように動く

（出所）日本銀行ホームページ

みました。そして、原油価格や金価格などのコモディティ価格（商品価格）を世界的に高騰させる原因のひとつになりました。

いろいろなコモディティ価格を平均した指数はいろいろと公表されていますが、日本人にとってデータを入手しやすい（調べやすい）ものとして、**日本銀行国際商品指数**があります。日本銀行のホームページから入手できます。これをグラフ化したのが、図表37です。

21世紀に入ってから、大幅な乱高下をしながら、急上昇しています。株価との連動性も強まっていて、ギャンブル（投機）目的での売買が市場の大部分を占めるようになったことで、最終的には燃料や原材料として使われるコモディティの価格が、実際には株価のように動いています。日本銀行の金融政策によって世界に出ていったおカネも、その原因のひとつとなりました。

金融政策のような経済政策には、必ずコストがかかり、なんらかの副作用をともないます。政策の効果に限界があるにもかかわらず、それを無理に強めようとすると、副作用が大きくなりやすいことにも注意が必要です。

†円相場が高いか安いかの判断は、じつはむずかしい

ニュースなどで、日経平均株価と一緒に報じられることが多いのが、**円相場**です。たいていの場合、米ドル（アメリカのドル）と日本円の2つの通貨の交換レート（相場）のことを、円相場と呼んでいます。正確には、「対米ドル円相場」などと呼ぶべきです。

このうち「対米ドル」という部分を省略しやすいのは、世界各国の通貨を交換する**外国為替市場**では、米ドルが中心の取引になっているからです。だから「対米ドル」でみるのはふつうのことで、ふつうのことだから省略するという感覚です。

対米ドル円相場の推移をみたのが、図表38です。くどいようですが、円相場といえば、このデータを示すことがふつうです。対米ドル円相場のデータは、いろいろなところで入手できます。時々刻々と変動するデータですから、ある1日の円相場といっても、何時何

図表38 対米ドル円相場は長期では円高トレンド

（出所）ＦＲＢホームページ

分でみたかによって、数字が異なってしまいます。いつも同じ情報源でデータを調べるほうがいいでしょう。

筆者はいつも、アメリカの中央銀行であるFRBのホームページからデータをとります。扱いやすいデータ形式になっているからです。他のいろいろな通貨と米ドルのあいだの交換レートも出ています。一般的には、これを**為替レート**あるいは**為替相場**と呼びます。そのうちの、片方が日本円であるものを「対▽▽円相場」（▽▽には通貨名が入る）といい、米ドルが相手のときにはそれを省き、円相場といっていたわけです。

筆者が、米ドル以外の通貨と日本円のあ

いだの為替レート（対▽▽円相場）を知りたいときには、対米ドル円相場と、その通貨の対米ドル為替レートを使って計算します。その通貨1単位を、一度米ドルに交換して、その米ドルを日本円に交換したらいくらになるかを計算すると、その通貨に対する円相場になるからです。もちろん、元のデータはＦＲＢのホームページからダウンロードします。

さて、日本のマスメディアは、２０１１年の東日本大震災・福島原発危機以降、円相場が「円高」すぎると報道してきました。具体的には、1ドル＝80円より小さな値、たとえば1ドル＝78円は円高すぎるという感じでした。

まず、数字が小さくなっているのに、円高と表現するのは、この数字が缶コーヒー1本＝80円と同じ形式での価格表示だからです。このとき、80円という数字は、缶コーヒーの価格を示しています。だから、数字が60円になれば、缶コーヒーが安くなったといえます。

同じ理屈で、1ドル＝80円は、1ドル紙幣の価格を円で示していることになります。これが78円になれば、1ドル紙幣が円に対して相対的に安くなったわけで、これを円からみれば、ドルに対して相対的に高くなったことになります。1ドル＝80円から78円への変化は、正確には「ドル安・円高」と表現すべき現象です。それで、米ドルについての部分はいつも省略されやすいので、これを円高といってしまうことが多いのです。

円高や円安といった言葉は、もともと、円相場の変化についての表現です。そう考えてグラフをみると、たしかに長期的には1ドル＝250円前後から1ドル＝80円前後まで、大幅に円高になってきたといえます。

しかし、円相場についてのなんらかの〝適正基準〟があって、それより高ければ円高、安ければ円安という評価もできます。2011年に日本のマスメディアが「円高、円高」と騒いだときには、変化としては円安に動いたときでも、円相場の水準そのものが円高だという判断をして報道していました。

ところが、同時期の欧米メディアのなかには、1ドル＝78円といった水準を円高とみていないところがありました。

経済報道のレベルの高さでは、日本のどの新聞・雑誌もまったく及ばない一流雑誌として、イギリスのエコノミスト誌（The Economist）があります。世界最高の経済誌といえば、エコノミスト誌を挙げる人は多いでしょう。そのエコノミスト誌は、2011年7月時点の1ドル＝79円や、12年1月時点の1ドル＝77円は、決して円高ではないと分析していました。

「どんな円相場が適正か？」は、なかなかむずかしい問題で、経済学者のあいだでも意見が大きく分かれます。ですから、報道する人たちが、円高と評価してもいいし、円安と評価してもいいのですが、日本のマスメディアとエコノミスト誌の報道には、決定的なちがいがありました。

日本のマスメディアは、どの水準を基準にして円高とみているかを、まったく語らないのです。実際に記者などにたずねてみると、ほとんどなにも考えずに、「(どうしてかはまったくわからないけど) 円高すぎる」と報じていたようでした。他方でエコノミスト誌は、きちんと理論的な説明もして、判断基準にした円相場の具体的な計算根拠も示して、「円高ではない」と述べていました。

日本では、本当にいいかげんな経済報道が横行していて、特に円相場について考えたい人は、自分でいろいろと勉強する必要があります。とはいえ、円相場についてきちんと解説しようとすると、1冊か2冊の本でないと無理ですから、ここでは、ヒントとなるデータだけを示しておきます。

日本の円の対外的な価値を論じたいなら、本当は、対米ドルだけでなく、他のいろいろな通貨に対する円相場もみて、総合的に判断すべきです。実際に、総合的な円相場をみる指数も計算・公表されています。

図表39 複数の外国通貨との円相場を総合的にみる

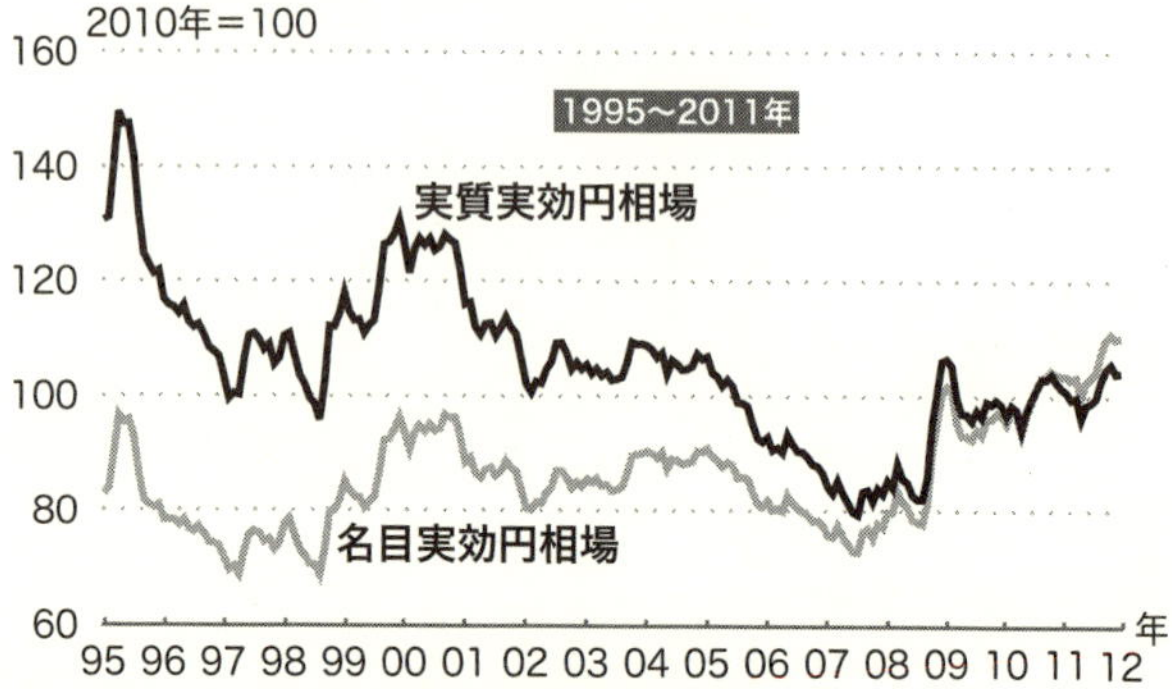

（出所）日本銀行ホームページ

たとえば、**日本銀行**が計算したものが、日本銀行のホームページに掲載されています。**実効円相場**と呼ばれるものですが、貿易相手としての比率に応じて加重平均されています。……31ページで説明したように、バスケットを想定して、そのなかに貿易規模に応じて外国通貨を入れて、そのバスケットと円のあいだの為替レート変動をみます。

2つの実効円相場があり、物価の調整をしていないのが**名目実効円相場**、物価の調整をしたものが**実質実効円相場**です。……物価と実質円相場と（名目）円相場の関係については、162ページのコラムで解説します。

図表39に両方を載せました。なお、実効円相場の数値は、大きくなるほど円高、小さくなるほど円安となるようにつくられています。ふつうの円

相場とは感覚が逆になりますので、注意してください。グラフ自体は、先の図表38も図表39も、上にいくほど円高になるように縦軸を設定しています。

それで、名目実効円相場をみると、２０１１年の水準は過去より円高だといえます。しかし、実質実効円相場をみると、評価が逆転します。11年の水準は、過去に比べてまだまだ円安だからです。11年時点の１ドル＝78円が円高だったのか、それとも円安だったのかの判断は、円相場について評価するときに、物価を調整しないで論じるか、調整して論じるかによってまったく異なります。

あくまで参考意見として述べますが、筆者は、物価を調整しないでそうした判断をするのは明らかにおかしいと考えますから、実質実効円相場を重視します。したがって、２０１１年の円相場は、過去と比べて「まだ円安だった」とみます。もし読者がこのテーマに興味をもったら、経済学の基本を学び、円相場に関するいろいろなデータを調べたうえで、自分なりに考えてみてください。

コラム　実質と名目②

2つ前のコラムで、「物価上昇率を調整して経済データをみる」やり方は、経済データを読むうえでの基本中の基本だと述べました。金利についての話でしたが、他にも、いろいろと、実質と名目の関係があります。あと3つ、挙げておきます。

実質経済成長率 ≒（名目）経済成長率－物価上昇率（※）

※ここでの物価上昇率は、専用に計算されたGDPデフレーターという指標

この経済成長率の実質と名目については、あとの第7章で取り上げます。GDP（国内総生産）と呼ばれるデータの変化率を経済成長率と呼んでいて、名目と実質のGDPが計算され、名目と実質の経済成長率が計算されます。……いずれにしても、GDPの計算は相当にややこしく、名目と実質の関係も、細かくみると複雑です。

実質賃金　＝　(名目)賃金÷消費者物価

これは考え方を示した数式で、実際には、消費者物価そのものを計算することはなく、実質賃金そのものを現実に計算することはできません。ですから、名目賃金上昇率から消費者物価上昇率を差し引いて、実質賃金上昇率を計算することになります。

実質円相場　≒　(名目)円相場×(1＋外国の物価上昇率－日本の物価上昇率)

先ほど取り上げたデータです。そして円相場も、輸出企業の競争力などをみるときには、実質円相場をみるほうが適切です。

名目の対米ドル円相場だけでいえば、歴史上の円の最高値は、明治初期の1ドル≒1円です。しかし、当時とは物価がまったく異なるため、1円の価値もまったく異なります。だから、大昔の1ドル＝1円と比べることに意味はないとすれば、それは、名目円相場だけをみてはダメだ、物価調整をして実質円相場をみないとダメだという話になります。

ただ、円相場で実質円相場をみるときには、対米ドル円相場ではなく、多数の外国通貨に対する実効円相場についての実質円相場――実質実効円相場をみることが一般的で、ややこしいことに、ふつうの円相場の値と、実効円相場の値とでは、数字の大小関係の意味が異なります。ふつうの円相場なら、数字が大きくなれば円安ですが、実効円相場なら、数字が大きくなると円高を意味します。この点に注意が必要です。

†他人の予想を知る

経済学を本格的に学んでいない人には、円相場の話も、最後は少しむずかしかったと思います。ただ、経済統計にはいろいろな工夫をしたデータがあることを知ってもらえればと考えて、いつもニュースで報じられる円相場とは別に、2種類の実効円相場を示しました。……このあと、さらにややこしそうなデータも示します。

経済統計のなかでも、金融分野のデータは、とりわけ読み解くことがむずかしいといえます。だからこそ、うまく読み解くことができれば、外貨投資や株式投資などの資産運用

図表40 金融市場参加者の予想を反映する指標？

日本経済新聞 **マーケット総合1**
（金融市場営業日の翌日の朝刊）

外為市場

⋮

◇対顧客米ドル先物相場

	売り	買い
5月渡	81.29	79.27
6月渡	81.29	79.24
7月渡	81.29	79.20
⋮	⋮	⋮

先物（先渡）取引の円相場
単位：円／ドル

株式市場

⋮

◇日経平均オプション・大証

⋮

日経平均ＨＶ　17.4

オプション取引の参考統計
ヒストリカルボラティリティ
単位：％

で儲けられそうだと思う人がいます。……経済統計の読み方を解説した本の読者の多くは、たぶんそのタイプの人たちです。

そこで、本章の最後に、資産運用に関係が深いデータを示しておきます。図表40は、**日本経済新聞**の「マーケット総合1」面のなかから、特定のデータをみつける方法を示したものです。金融市場が開いていた（銀行が通常営業をしていた）日の翌日の朝刊に掲載されます。……2012年夏の紙面を前提にしています（紙面構成はよく変更され、ここで説明しているデータが掲載されなくなることもありえます）。

金融市場でのギャンブルに勝つための極意と、カジノなどでのギャンブルの極意には、似たところがいくつもあります。そのひとつが、相手の心理を読むことの重要性です。金融市場では、市場参加者の多くがどんな予想に基づいて投資をしているかを知ることができれば、それを利用できるかもしれません。

心のなかにある予想を知ることは、ふつうは簡単ではありません。ところが、金融市場では、それぞれの予想が取引によって明らかになるような市場があります。ひとつは、**先物市場**と呼ばれるものです。たとえば、1カ月後に交換する米ドルと日本円の円相場を、いまから決めて、取引の予約をしておくという取引が、先物取引です。

外国為替市場（略して外為《がいため》市場）での先物取引の円相場が、図のなかに出ています。日本経済新聞に掲載されているということです。……細かくいえば、データがあるのは、先物取引のうちの先渡《さきわたし》取引と呼ばれるものの円相場です。

金融の専門家のなかには、この先物取引の円相場をみれば、市場参加者の予想がわかると考える人がいます。また、先物取引の円相場が予想を反映しているという前提で、金融の専門家が複雑な金融計算に使うためのモデルが構築されていることもあります。

しかし、じつは先物取引の円相場は、いますぐ米ドルと日本円を交換する取引の円相場――ふつうの円相場と、日米の金利を使って自動的に計算されるもので、予想など反映されていないとの見方もできます。この話も、昔から専門家によって判断が分かれるところです。ですから、先物取引の円相場に注目しても、投資にはプラスにならないと考えるほうが無難です。

先物取引とは別に、「売買の権利を売買する」というオプション取引があります。くわしくは説明しませんが、知的なギャンブルが好きな人なら、きっと興味をもちそうな取引です。**大阪証券取引所**には、日経平均株価のオプション取引の市場――**オプション市場**が存在していて、図表40の下側で示した位置に、それに関連するデータが出ています。日本経済新聞でこのデータが読めるということです。

じつは、オプション市場のデータではないのですが、オプション取引の参考にするために掲載されたデータとして、**日経平均ＨＶ**があり、図表40では17・4％となっています。もちろん、これは毎日変動します。これは、過去の日経平均株価の変化率について「標準偏差（データのバラツキを示す統計値）」を計算したもので、ＨＶは**ヒストリカル・ボラティリティ**（Historical Volatility）の略号です。

ＨＶは、過去の日経平均株価変動の激しさを示す指標で、株式投資のリスクの高さを示す代表的なデータです。過去のリスクを示しているわけですが、金融機関などは、これを参考に将来のリスクを評価します。

実際に、金融市場参加者が日経平均株価の将来のリスクをどう予想しているのかは、オプション取引の価格に反映されます。そして、オプション取引の価格から逆算されたリスク指標が、**インプライド・ボラティリティ**（ＩＶ、Implied Volatility）で、将来のリスクについての予想値になります。

どこまでの将来でみるかなどの条件を変えることで、いろいろなＨＶやＩＶが計算されるのですが、日経平均株価についてのＩＶのひとつが、やはり日本経済新聞の「マーケット総合1面」に載っています。重要なデータをまとめて右上に置いた紙面構成になっていて、そのなかにあります。

新聞上では**日経平均ボラティリティー指数**と表示されていますが、正式には**日経平均ボラティリティー・インデックス**と呼ばれます。日本経済新聞社が運営する「日経平均プロフィル」というＷｅｂサイトに、細かな説明があります。

株式投資をやるなら、ボラティリティについてのデータが読みこなせると便利です。リスクの高さを把握して、大損を避けるのに使えるからです。オプションとボラティリティについての詳細な説明は、大阪証券取引所のホームページで読むことができます。

基礎から学びたい人は、拙著『確率・統計でわかる「金融リスク」のからくり』（講談社ブルーバックス、2012年）をお読みください。

ここまでの先物やオプションの話は、初めて知った人には、かなり難解だったと思われます。それをあえて紹介したのは、経済データにはこうしたものもあるということを知ってもらいたかったからです。経済データの奥深さを、なんとなく感じてもらえれば、解説した意味はあったと思います。

練習課題H

図表Hには、ホンダ（本田技研工業）と日産自動車という同業種の株価が掲載されています。ライバル企業として、業績にも差があるはずなのに、株価は似た動きをしていて、しかも最近は連動性が増している感じです。なぜ、同じ業種のライバル企業の株価が似た動きをするのか、理由を考えてください。

（答えは231ページ）

図表H　同業種の複数社の株価を比較してみる

（出所）Yahoo!ファイナンスホームページ

第6章

国際収支統計の黒字・赤字

†居住者・非居住者とは？

経済活動がグローバル化していますから、海外との経済取引についてデータで把握することがよりいっそう重要になっています。そこで本章では、**国際収支統計**（国際収支表、Balance of Payments Statistics）と呼ばれる統計の読み方を、ポイントを絞って紹介しましょう。

国際収支統計は、「あるひとつの国の、一定期間における、対外経済取引のすべてを、複式簿記の考え方にそって集計したもの」です。この定義についてきちんと理解することが大切です。

第1に、「一定期間における」とありますから、その月や年の取引金額を集計する統計だとわかります。これを**フロー**（flow）の統計と呼びます。貸出や借金についての統計もありますが、その残高についての統計は、国際収支統計にはふくまれません。

残高については別に、**対外資産・負債残高**という統計でみることになります。こちらは**ストック**（stock）の統計と呼ばれます。……フローとストックについては、175ページのコラムでさらに説明しています。

第2に、「対外経済取引」の定義がけっこうややこしいのです。先に具体例を挙げると、日本で働いて日本で生活している人が、イタリアから高級外車を取り寄せるかたちで購入したら、これは対外経済取引といえます。中国人観光客が、日本にやってきて食事をしたり、ホテルに泊まったりするのも、対外経済取引です。

しかし、日本に来た中国人観光客が、同じ時期に日本に来たフランス人観光客とのあいだで、おカネの貸し借りをしても、対外経済取引にはなりません。おカネの貸し借りは立派な経済取引ですが、取引した人のどちらも、ふだん日本に住んでいる人ではないので、対外経済取引といえないのです。

国際収支統計では、まず、個人や企業などを「居住者」と「非居住者」に分けます。分ける基準は、国籍ではなく、いまどこにいるかではなく、経済基盤がどの国にあるかです。日本の国際収支統計を前提に考えると、日本に経済基盤がある個人や企業などは、日本の居住者であり、経済基盤が日本以外の国にあれば、日本の非居住者です。

日本への旅行者は、海外に経済基盤がありますから、非居住者です。そして、留学や病気治療のために日本に長期で住んでいる人も、ふつうは親が海外にいて、その親の所得が経済基盤になっているという論理で、非居住者とみなします。逆に、海外に本社がある外資系企業でも、日本支社を置いて日本で活動していれば、日本支社そのものは日本の居住者になります。

そして、対外経済取引は「片方が居住者、もう片方が非居住者」の取引です。先ほどの中国人観光客とフランス人観光客の取引（貸し借り）は、非居住者と非居住者の取引ですから、対外経済取引にはなりません。けっこうややこしいのですが、モノの貿易をみるときには、あまり気にしなくてもいいでしょう。注意が必要なのは、サービスの貿易をみるときです。

第3の「複式簿記」の話は、簡単に説明することがむずかしいので、興味がある人にはまず、簿記・会計の基本を学んでもらうしかありません。複式簿記がわからない人は、その方式で取引金額を集計すると、集計されたすべての取引の金額を足したときに、必ずゼロになることだけを覚えておいてください。

なお、国際収支統計は、**財務省**と**日本銀行**が協力して集計・公表しています。どちらのホームページから探しても、国際収支統計の詳細なデータを読むことができます。また、IMF（国際通貨基金）が世界各国の国際収支統計を集めて整理しています。

コラム

フローとストック

図表オをみながら、フローとストックについて改めて説明しましょう。

経済データの基本タイプとして、「価格、数量、金額」の3つがあります。価格は、ある時点で測るもので、たとえば1年での価格をみるとしてもその1年のいろいろな時点で測ったデータを平均して求めることになります。

ところが、数量と金額は、ある時点で測ってもいいし、ある期間をとって測ってもいいので、両者を区別します。ある期間で集計した数量・金額のことを**フロー**、他方、ある時点での残高でみた数量・金額のことを**ストック**、と呼びます。

対外経済取引（日本と海外のあいだの経済取引）について、フローをみるのが「国際収支統計」で、ストックをみるのが「対外資産・負債残高」です。たとえば、第7章で取り上げるGDP（国内総生産）はフローのデータで、第4章で取り上げた人口はストックのデータです。

政府の借金についてみるときも、毎年度の予算における借金（公債金収入）はフロ

図表オ

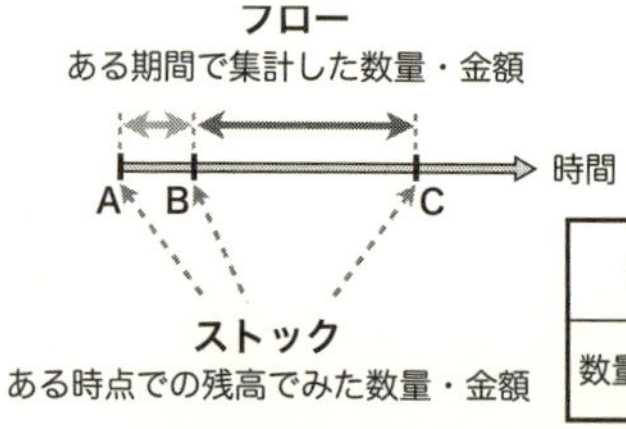

	時点で測る	期間で測る
価格	価格は時点で測る	
数量・金額	ストック	フロー

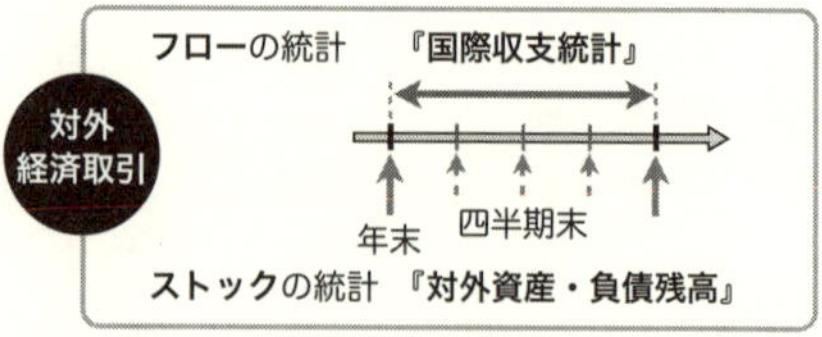

ーのデータ、ある年度末における借金残高（たとえば長期債務残高）はストックのデータです。前者は１２５ページの図表31に、後者は１２７ページの図表32に実際のデータがありました。

数量あるいは金額のデータをみるときには、フローかストックかを意識するようにしましょう。そして、フローとストックのどちらかのデータしかないときには、もう一方のデータも調べてみると、興味深い発見があるかもしれません。

図表41 毎月の対外経済取引を集計する「国際収支統計」

プラス項目	マイナス項目	収支		
かたちのあるモノの輸出	かたちのあるモノの輸入	貿易収支 trade balance	貿易・サービス収支 goods and services	経常収支 current account
サービスの輸出	サービスの輸入	サービス収支 services		
日本の個人や企業などが海外で稼いだ所得	海外の個人や企業などが日本で稼いだ所得	所得収支 income		
商品・サービスに関した海外からの援助・贈与など	商品・サービスに関した海外への援助・贈与など	経常移転収支 current transfers		
金融取引による資本流入	金融取引による資本流出	投資収支 financial account		資本収支 capital and financial account
資本に関する移転と非金融取引による資本流入	資本に関する移転と非金融取引による資本流出	その他資本収支 capital account		
外貨準備の減少	外貨準備の増加	外貨準備増減 changes in reserve assets		
誤差を調整するための項目		誤差脱漏 errors and omissions		

†日本の国際収支統計の概要

日本の国際収支統計は、図表41のような概要になっています。

かたちのあるモノ（財、商品）の貿易を、非居住者に売る「輸出」と、非居住者から買う「輸入」に分けて集計し、輸出から輸入を差し引いたのが、**貿易収支**です。日本のマスメディアがいちばん注目する収支がこれです。

かたちのないサービスの貿易を集計したのが**サービス収支**で、その細かな項目については、あとで説明します。貿易収支とサービス収支を足したものが**貿易・サービス収支**です。

日本の個人や企業が海外での生産を手伝うことも、あるいは、日本国内での生産を海外の人たちに手伝ってもらうこともあり、これらによって発生する所得のやりとりは、**所得収支**として集計されます。

無償援助のように、モノやサービスをあげたりもらったりすることもあり、モノやサービスを買うためのおカネを援助することも援助してもらうこともあります。これらを集計したのが**経常移転収支**です。

そして、貿易・サービス収支と所得収支と経常移転収支を足すと、**経常収支**になります。国際収支統計をみるときに、いちばん重視されるのが経常収支です。対外ビジネスでどれだけ稼いだかをみるなら、貿易収支や貿易・サービス収支ではなく、経常収支に注目すべきです。

おカネの貸し借りについて集計したのが、**投資収支**です。ただし、おカネを借りたほうが大きければ、投資収支は黒字になります。逆に赤字なら、おカネを貸したほうが大きかったといえます。

国際収支統計では、その取引をおこなうとおカネが流入するものをプラスで、おカネが流出するものをマイナスで計上しています。たとえば、輸出をすれば代金としておカネが流入しますから、プラス。おカネを貸すと、そのおカネが出ていきますから、マイナス。

図表42 経常収支黒字が続く日本

兆円

日本の国際収支統計	1996〜1998年平均	1999〜2001年平均	2002〜2004年平均	2005〜2007年平均	2008〜2010年平均	2011年
経常収支	**11.5**	**12.2**	**16.2**	**21.0**	**16.1**	**9.6**
貿易・サービス収支	5.9	6.2	8.3	8.3	3.5	▲3.4
貿易収支	12.2	11.5	12.5	10.7	5.3	▲1.6
サービス収支	▲6.4	▲5.3	▲4.1	▲2.4	▲1.8	▲1.8
所得収支	6.7	7.2	8.6	13.9	13.8	14.0
経常移転収支	▲1.1	▲1.1	▲0.8	▲1.1	▲1.2	▲1.1
資本収支	**▲11.9**	**▲7.3**	**0.3**	**▲16.3**	**▲14.3**	**6.3**
投資収支	▲10.9	▲6.2	0.8	▲15.8	▲13.9	6.2
その他資本収支	▲0.9	▲1.1	▲0.5	▲0.5	▲0.5	0.0
外貨準備増減	▲1.2	▲6.3	▲14.9	▲3.5	▲3.2	▲13.8
誤差脱漏	1.6	1.4	▲1.6	▲1.2	1.4	▲2.0

（出所）財務省ホームページ

このようにプラス・マイナスを決めて集計しています。

おカネの貸し借りではないものの、資本に関係した取引を集計したのが、**その他資本収支**です。投資収支とその他資本収支を足すと、**資本収支**になります。

他に、外貨準備増減と誤差脱漏という項目がありますが、本書では説明を省きます。表の投資収支以下の項目は、複式簿記がわかっていないと理解がむずかしいので、本書ではおもに、経常収支とそれにふくまれる各収支に注目します。

図表42で、日本の国際収支統計の数字をまとめました。1996～2010年については、3年間ずつで区切って、年平均の数字を

示しています。肝心の経常収支は、日本ではずっと黒字が続いています。また、貿易・サービス収支よりも所得収支のほうが黒字が大きいという状況が、この表の期間ではずっと続いています。

日本は、所得収支の黒字が中心になって、経常収支の黒字が続く構造になっているといえます。2011年には、貿易収支が赤字化し、貿易・サービス収支も赤字化しましたが、所得収支の黒字がとても大きいために、経常収支も大きな黒字を維持していました。

†日本のサービス収支はいずれ黒字化する?

国際収支統計についてのむずかしい話は避けることにして、できるだけおもしろそうなデータをみてみましょう。サービス収支をより細かく分類したのが、図表43です。サービスの貿易で大きな金額を占めるのは、輸送と旅行です。

船や飛行機などでの輸送サービスが、居住者と非居住者のあいだでおこなわれたときに、その運賃を集計したのが、**輸送収支**です。海外旅行者が、旅行先でサービスを消費したり、お土産などのモノを消費したりしたとき、その消費支出を集計したのが**旅行収支**です。**その他サービス収支**は、建設や保険など、個々には取引の金額が小さい項目をまとめたものの

図表43 モノとサービスの貿易の分類

経常収支	貿易・サービス収支	貿易収支			かたちのあるモノ（財、商品）の貿易
		サービス収支	輸送		船や飛行機などによる輸送サービスの運賃
			旅行		海外旅行者によるサービスやモノの消費支出
			その他サービス	通信	電話・ＦＡＸ・放送・郵便などの料金
				建設	短期的な建設・据えつけ工事などの代金
				保険	損害保険・生命保険サービスの保険料
				金融	銀行・証券会社によるサービスの手数料
				情報	コンピューターの修理、ソフトの作成・利用、通信社によるメディアへの情報提供などの料金
				特許等使用料	特許権や著作権などの使用料
				その他営利業務	リース、経理・広告・調査・翻訳などの手数料
				文化・興行	スポーツの興行費用、音楽・映像の使用料など
				公的その他サービス	大使館・基地の現地支出など

図表44 サービスの貿易は赤字だが、赤字は減少傾向

兆円

日本のサービス収支	1996～1998年平均	1999～2001年平均	2002～2004年平均	2005～2007年平均	2008～2010年平均	2011年
サービス収支	▲6.4	▲5.3	▲4.1	▲2.4	▲1.8	▲1.8
輸送収支	▲0.9	▲0.8	▲0.7	▲0.6	▲0.7	▲0.9
旅行収支	▲3.4	▲3.1	▲2.7	▲2.3	▲1.5	▲1.3
その他サービス収支	▲2.0	▲1.5	▲0.7	0.5	0.4	0.4
建設	0.2	0.2	0.2	0.3	0.2	0.3
保険	▲0.2	▲0.3	▲0.4	▲0.3	▲0.4	▲0.4
情報	▲0.2	▲0.2	▲0.1	▲0.2	▲0.3	▲0.2
特許等使用料	▲0.3	▲0.1	0.1	0.5	0.6	0.8
工業権・鉱業権使用料	▲0.0	0.1	0.5	1.1	1.2	1.4
著作権等使用料	▲0.3	▲0.3	▲0.4	▲0.5	▲0.5	▲0.6
その他営利業務	▲1.3	▲0.9	▲0.6	▲0.0	0.2	▲0.0

（出所）財務省ホームページ

です。

日本のサービス収支の推移をみたのが、図表44です。日本のサービス収支はずっと赤字が続いてきましたが、貿易収支の大幅黒字に隠れて、さほど注目されてきませんでした。2011年に貿易収支が赤字化したことで、赤字がさらに拡大したときに、経常収支も赤字化するかどうかが議論になっています。

そうなると、サービス収支の動向も気になります。日本のサービス収支は、はっきりと赤字が縮小してきています。全体的に改善しているのですが、特に、旅行収支の赤字縮小が目立ちます。また、その他サービス収支のうちの特許等使用料が赤字から黒字に転じています。もうひとつ、その他営利業務も、赤字基調を脱しつつあります。

これらの傾向が継続すれば、いずれ、日本のサービス収支は黒字化しそうです。日本は、製造業の国際競争力を武器に外貨を稼ぐ国から、サービス業などの力で外貨を稼ぐ国へと、変貌する途中にあるのかもしれません。

なお、サービス収支にふくまれる取引には、集計がむずかしいものが多く、主要項目のひとつの旅行収支はその代表例です。図表45で、旅行収支と実質実効円相場を比べてみましょう。第5章で説明したように、実質実効円相場は、物価を調整して、海外のいろいろ

図表45 旅行収支は円相場から影響を受けにくい？

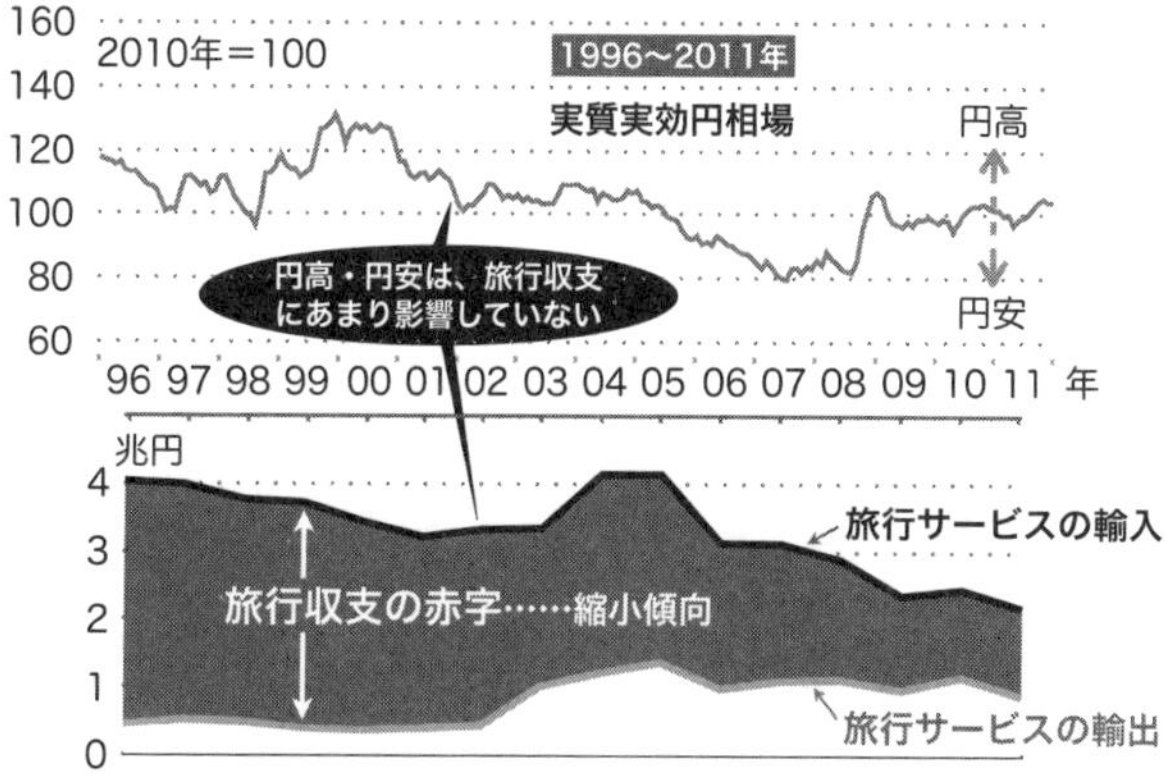

（出所）日本銀行ホームページ、財務省ホームページ

な通貨に対する総合的な円相場の動向をみたものです。

ふつうの感覚では、円高になったときに、日本人の海外旅行が増え、海外から日本に来る旅行者が減ります。円安なら、逆方向の影響をもちます。それなのに、グラフをみると、円高・円安は旅行収支にあまり影響していないようにみえます。

じつは、旅行収支とは、海外に経済基盤をもつ人が日本に滞在してモノやサービスを消費すると、それをプラスに計上し、他方で、日本に経済基盤をもつ人が海外でモノやサービスを消費すると、それをマイナスに計上したものです。

そして、旅行者のなかには留学生も入るの

です。173ページで説明したように、留学生は非居住者となります。経済基盤は本国の親にあると考えるからです。この旅行者の定義を知ってから旅行収支をみると、イメージがずいぶんと変わります。大半が数日の滞在で帰る旅行者より、1年を通して滞在している留学生のほうが、たくさんのモノやサービスを消費したりするからです。

もちろん、旅行者も留学生も、人によって大幅に消費額が異なるはずですが、旅行収支をみるときには、留学生の消費がふくまれることを意識しておくべきです。すると、旅行収支が円相場の変動からあまり影響を受けていないようにみえる理由が、わかるはずです。

通常の旅行者だけでなく、留学生などもふくまれるため、ひとつの要因だけで旅行収支の動向を説明するのはむずかしいのです。他に、長期療養中の患者も、海外で活躍する日本人プロスポーツ選手が日本に帰ってきたときにも、国際収支統計では日本への旅行者として扱われます。みんな、経済基盤（おカネを稼ぐ場所）は海外にあるからです。

統計をつくるときの基本的な定義を確認しているかどうかで、統計の読み方が大きく変わってしまうことが、おわかりいただけたでしょうか。なお、旅行収支の計算方法はよく変更されています。その詳細はホームページで読めますので、興味がある人は、もっと深く調べてみてください。

考えてみよう！

練習課題I

図表Iでは、国際収支統計のサービス収支のうち、**特許等使用料**の収支をグラフ化しています。日本企業がもっている特許などを海外企業が使用して、日本企業に特許の使用料を支払うとか、その逆とかの取引を集計したものです。

また、特許等使用料を**工業権・鉱業権使用料**と**著作権等使用料**の収支に分けて、それも重ねてグラフ化してあります。工業製品の製造で利用される特許の使用料は、前者に入ります。後者には、小説などの著作物の使用料がふくまれます。

なお、特許等使用料が「技術貿易」を示すという解説がときどきあり、図にもそのように表記しましたが、本当に技術貿易という言葉が当てはまるのは、2つに分けたうちの工業権・鉱業権使用料のほうでしょう。

このグラフから読み取れる特徴として、あなたはどんなことに気づきましたか？

（答えは232ページ）

図表Ⅰ　技術と著作の貿易

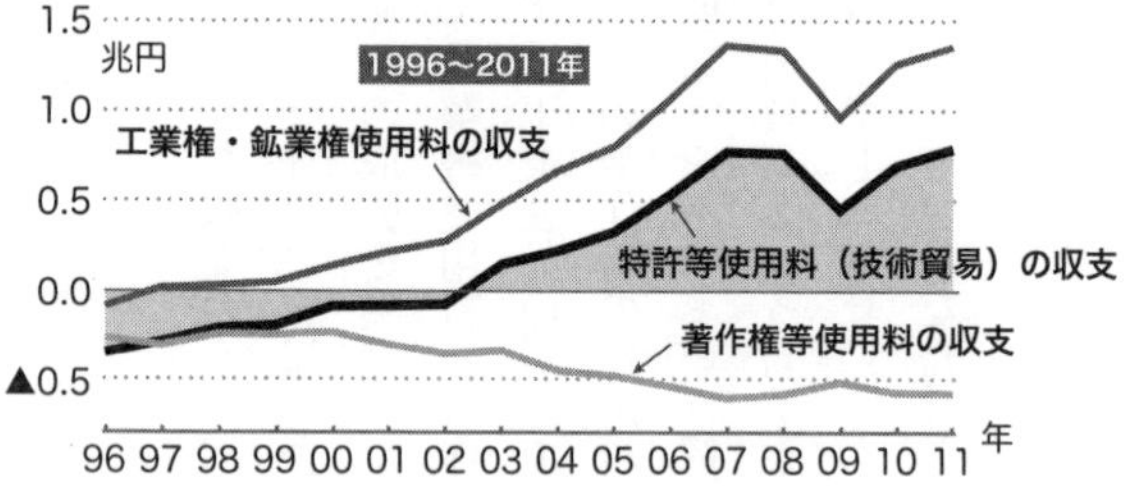

（出所）財務省ホームページ

第7章

日本経済の成長

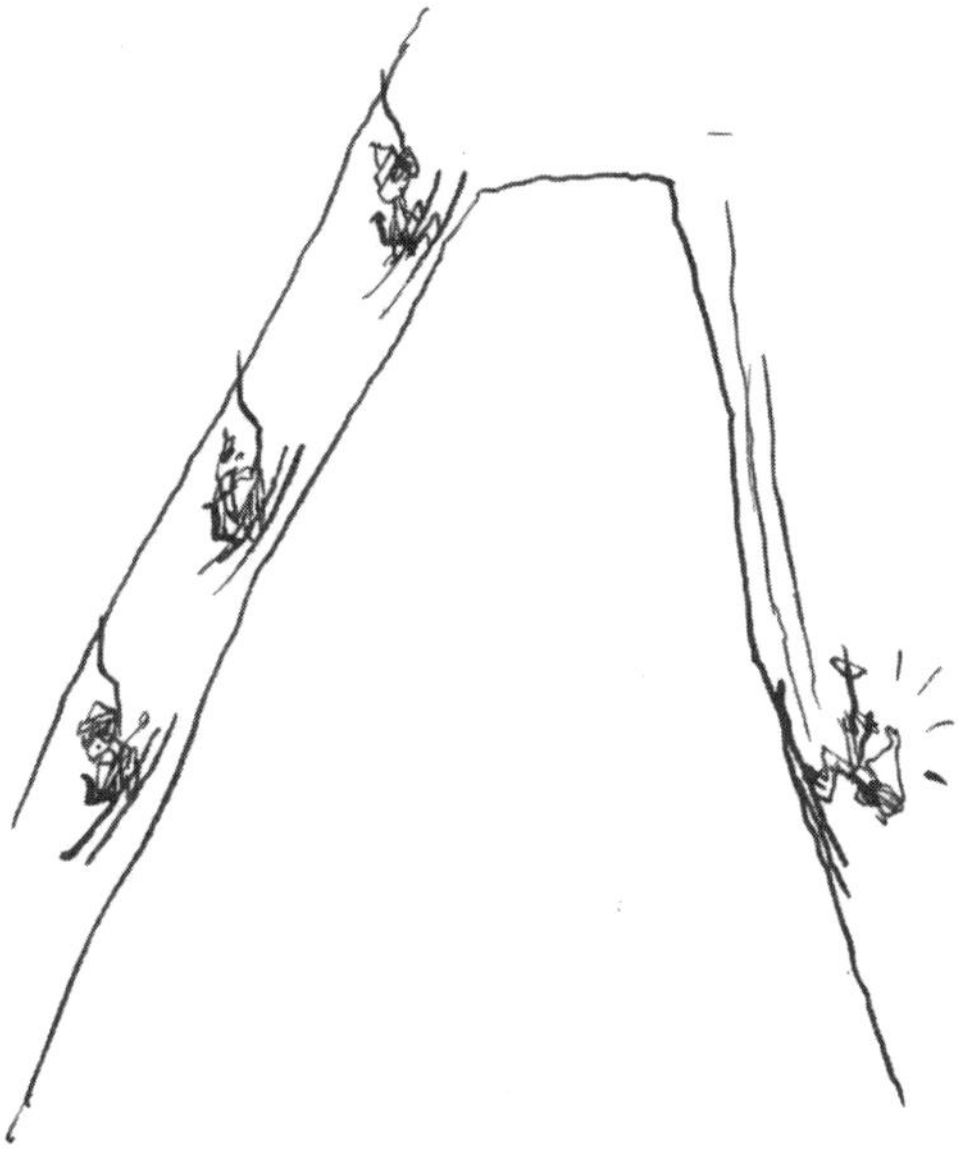

†景気は、経済規模の拡大・縮小についての評価

日本では長期の「不況」が続いているといわれます。不況は**景気**が悪いことを意味し、「不景気」とも表現されます。反対に、景気がいいことを「好況」「好景気」と呼び、景気が過度にいいことを「景気過熱」といいます。

たいていの人が、子供のころから景気という言葉を聞きますから、景気がいい・悪いのイメージは、なんとなくわかるでしょう。でも、景気をきちんと判断するのは、政府にとってもむずかしいのが実状です。誰でもなんとなくわかっていそうで、じつは誰も正確にはわかっていないのが、景気です。

景気は、経済活動についての評価で、たいていは、どこかの地域全体での経済活動の規模がどれほどのスピードで成長しているかをみて、その地域の景気がいいか悪いかを判断します。たとえば、アメリカという国全体での経済活動の規模が、年率2%のペースで成長しているなら、景気が悪い（不況）と評価し、あるいは、年率4%のペースで成長しているなら、景気がいい（好況あるいは景気過熱）と評価するといった感じです。

もう少し細かく説明しましょう。まず、各国の「経済活動の規模」をGDP（Gross Domestic Product 国内総生産）と呼ばれる指標で測ることが一般化しています。日本のGDPは、内閣府の経済社会総合研究所が計算していて、内閣府のホームページから詳細なデータを得ることができます。くわしい解説もそのホームページにあります。

GDPについて説明するだけで、軽く1冊の本になるほどの統計で、日本経済の現状や過去について論じるうえで、いちばん基本的なデータといえます。ただ、実際に景気を判断するときには、GDPに加えて、他にいろいろなデータが使われます。GDPは日本経済全体をカバーする統計であるため、統計の正確さでは優るのですが、集計に時間がかかります。そこで、直近の景気について知るために、他のデータをみるのです。

GDPをみるよりも、タクシーの運転手に話を聞いたほうが、街角の景気はよくわかるという意見もあり、実際に、コンビニの店長やタクシーの運転手などに実感を教えてもらって指数化するデータもあります。

本書では、もっとも基本的なGDPに絞って、景気の話をしましょう。GDPは、経済活動の規模を〝金額〟で示しています。金額は、価格と数量を掛けて計算されます。これらの価格・数量・金額が、経済データの基本タイプで、他方、経済活動の規模がどれだけ成長したかを評価するには、〝数量〟の変化をみるべきです。

国全体の経済活動について集計しようとすると、たとえば、ペットボトルのお茶の生産・消費と、テレビの生産・消費のデータを足し算する必要があります。このとき、数量は足し算できません。強引に足せば、無意味な計算になるだけです。ペットボトルの本数とテレビの台数を足すとか、両者の容積や重量を足すとかでは、意味がある数字は求められないからです。

金額なら、単位を「円」で統一できますから、集計が意味をもちます。そこで、性質が異なるいろいろなモノやサービスの生産規模を金額ベースで合計したのが、GDPです。ところが、GDPの金額が増えても、経済規模が拡大したかどうかはわかりません。金額は、価格と数量の掛け算ですから、金額の増加は、①価格の上昇と、②数量の増加の2つの要因によって説明できます。

価格の上昇がGDPを成長させても、私たちが消費できるモノやサービスは増えません。ですから、数量の増加による部分だけをみます。具体的には、価格の上昇による部分を差し引いて、**実質GDP**と呼ばれるものを計算します。

このとき、最初に集計したGDPを**名目GDP**と呼びます。考え方としては、名目GDPは〝金額〟での規模を示し、実質GDPは〝数量〟での規模を示します。

コラム

数量の変化率の計算に価格の変化率の計算が必要なのはなぜ？

経済成長率の話では、本当は数量の変化を知りたいのだけど、第1段階で、集計しやすい金額を集計し、その変化率を調べます。続いて第2段階では、物価の変化率を計算し、金額の変化率からそれを引くことで、やっと数量の変化率が求められます。

この手順について、なにか疑問を感じませんか？

第1章の内容を思い出してください。金額の集計とは別に、いろいろなモノやサービスの価格を調べて、物価の変化率を計算するとき、38ページでの説明では、毎月の消費数量の変化に応じて加重平均しているということでした。

つまり、物価の変化率を調査するときに、場合によって、数量の変化率も調査しているのです。それなら、物価より知りたい数量の変化率を直接調査すれば、金額や物価を調べる手順は不要になります。どうしてそうしないのでしょうか？

もちろん、いろいろなデータを調べたいとの意図もあります。ただ、それだけではありません。作業として、物価のときにはできることが、数量のときにはできないといったことがあるのです。

物価を調べることも相当にむずかしく、たとえば、具体的にペットボトルのお茶の価格を調べようとすると、むずかしさが実感できます。

いろいろな飲料メーカーからたくさんの種類のお茶が売り出されていて、しかも、同じ銘柄のお茶が、お店によってバラバラの価格で販売されています。同じスーパーのドアのすぐ外と内で、同じお茶の価格が大幅に異なることもあります。……その理由については、拙著『スタバではグランデを買え！』（ちくま文庫、2012年）でくわしく解説しています。

実際には、すべての価格を調べることなど無理ですから、特定の銘柄の商品について、特定の場所で価格を調べます。「サンプル調査」と呼ばれるやり方です。

このとき、ある銘柄のお茶の価格が上がっているときには、他のお茶も連動して上がりやすい。スポーツ飲料やジュースなど、お茶の代わりになりやすい飲み物も価格は連動しやすいはずです。だからこそ、価格はサンプル調査でも十分なのです。

他方で、数量はサンプル調査ではダメです。ある銘柄のお茶の販売本数が急増したときには、健康食品ブームなどで他のお茶も連動して伸びたのかもしれません。しかし、その銘柄のお茶が人気になったことで、他のお茶は販売本数が激減したかもしれません。

価格についてはサンプル調査でもいいのですが、数量はダメです。これが、数量の変化率の計算をする前に、価格（物価）の変化率を計算する理由のひとつです。

†日本の経済成長率はどんどん下がってきた

日本の名目GDPと実質GDPの長期推移をみたものが、図表46です。表面上、私たちがみている日本経済の規模は名目GDPで示されます。ただし、景気の判断をするために経済の成長スピードを知るには、実質GDPの推移をみるべきです。

名目GDPも実質GDPも、近年は、年間500兆円前後で推移しています。なお、名目GDPの金額が1年で約500兆円という数字には、きちんと金額としての意味があります。しかし実質GDPは、数量の変化をみるための指数として作成されていますので、金額そのものには意味がありません。理解しやすくするために、名目GDPに近い金額で

図表46 日本のＧＤＰ規模の推移①

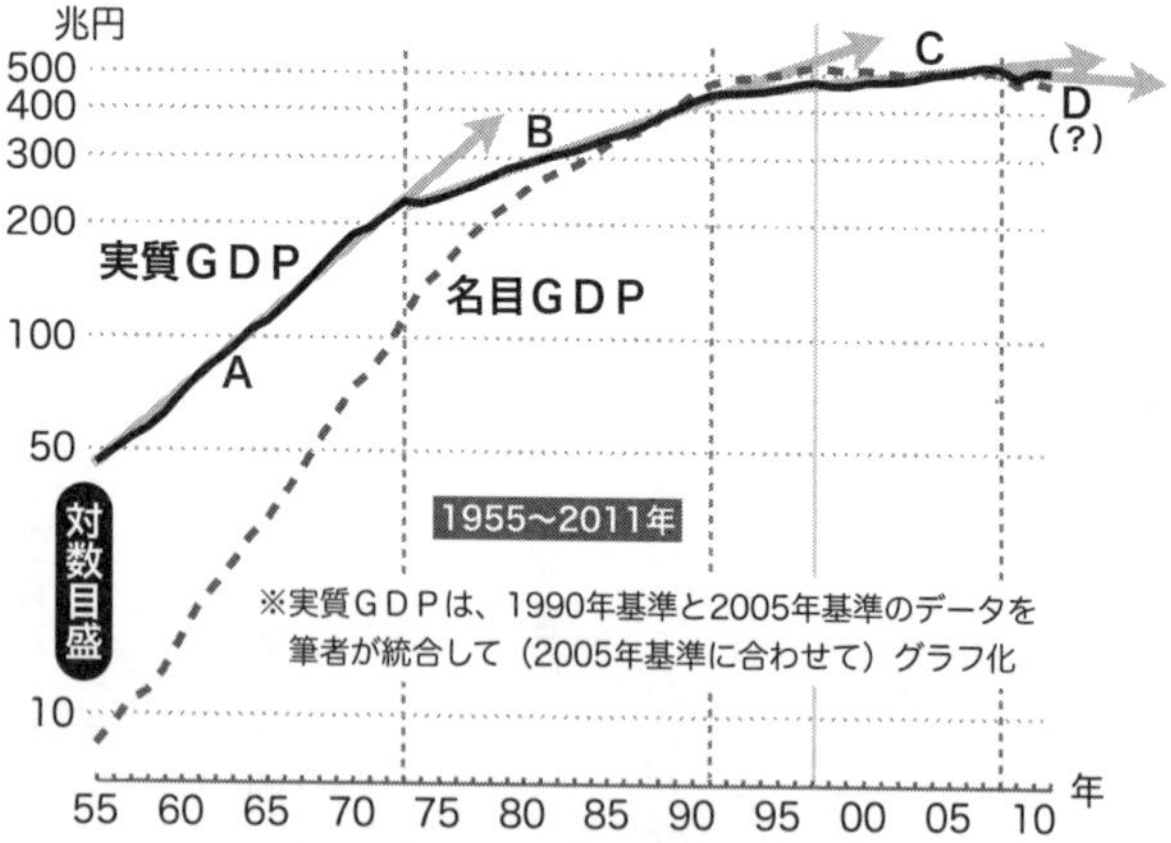

（出所）内閣府ホームページ

表示されているだけです。

そして、ある国の経済の成長スピードを示すデータとしてよく使われるのが、**経済成長率**です。実質ＧＤＰの変化率のことで、正確には**実質経済成長率**と呼ぶべきですが、ふつう、経済成長率といえば、実質経済成長率のことを意味します。名目ＧＤＰについても成長率（変化率）が計算できて、**名目経済成長率**と呼ばれます。

図中のグラフは、縦軸が「対数目盛」になっています。１４６ページのコラムで説明したように、傾きが同じなら、同じ変化率になるように目盛を工夫したものです。したがって、折線グラフの傾きが同じなら、同じ変化率になります。

この点を意識して実質GDPの折線グラフをみると、経済成長率のトレンド別に、A：戦後の1955年から第1次石油ショックがあった73年まで、B：それからバブル崩壊後の91年まで、C：それからリーマンショックがあった2008年まで、D：それ以降（本書執筆の前年の11年まで）の4つの期間に分けられそうです。

Aの期間の日本経済は、年率10％程度という高い経済成長率で、いわゆる高度経済成長を達成しました。Bの期間は、当時は低成長期とみられました（Aと比べたからです）が、あとのCやDと比べれば中成長期といえそうです。1980年代後半に発生したバブル経済（株価・地価の高騰）が90年に破裂（株価・地価が暴落）したあとのCは、明らかな低成長期です。

さらに、2008年秋にリーマンショックがあった翌09年から、東日本大震災・福島原発危機があった11年までのDの期間は、マイナス成長に移行したようにみえます。もっとも、3年のあいだに2つの大きなショック・災害があったという特殊事情がありますので、Cの低成長からDのマイナス成長に構造的に移ったのか、それとも、マイナス成長は一時的で（Dのトレンドにはなっておらず）、このあとはプラスの成長トレンドに復帰できるのか、予想がむずかしいところです。

つぎに、名目ＧＤＰの折線グラフをみると、１９９７年までは増加傾向が続いていたのが、98年からは、少しずつではありますが減少傾向に転じました。数量（実質ＧＤＰ）が増えても金額（名目ＧＤＰ）が減るのは、価格が下がっているからです。

国全体の話ですから、物価の下落が続いていることになります。日本は98年から本格的な「デフレ（デフレーション、58ページ参照）」に突入し、それが10年以上続いてきたことがわかります。

デフレになる少し前からの実質ＧＤＰの推移をみると、図表47のようになります。１９９７年にはアジア通貨危機が起き、翌98年にはロシア通貨危機が起きています。それに加え、日本では97～98年に大手金融機関が経営危機に陥り、実際に経営破綻するところがあって、大規模な金融危機が生じていました。

また、それらが起きる直前の97年4月に、消費税率が3％から5％に引き上げられたこと（消費税増税）もあり、実質ＧＤＰは、図中のＡのトレンド線から約40兆円下にシフトした、Ｂのトレンド線上で推移するようになりました。このときのＧＤＰの落ち込みから回復できていないことが、デフレの直接原因です。

そして、２００７年にアメリカでサブプライムローン問題が表面化し、翌08年にリーマ

図表47 金融ショックの落ち込みから回復できていない

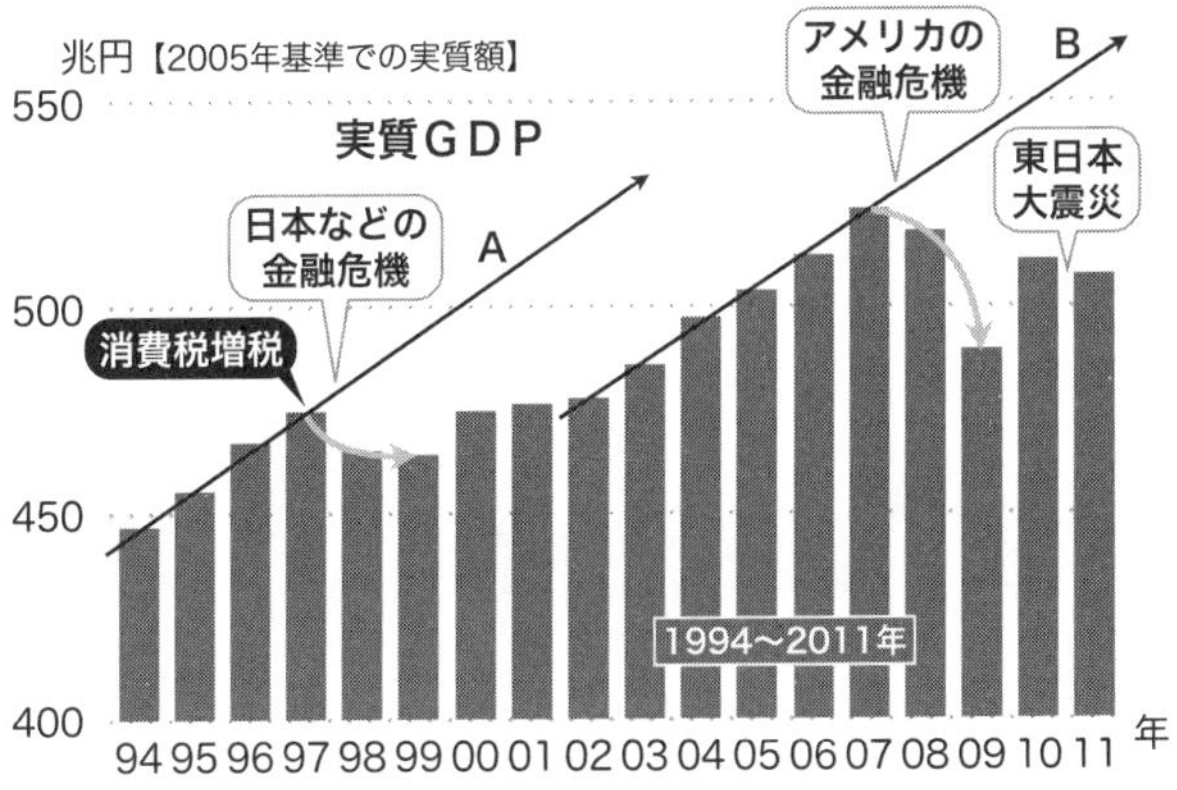

（出所）内閣府ホームページ

ンショック――アメリカの大手投資銀行リーマン・ブラザーズの経営破綻が起きたことで、世界中が一時的に大規模な不況にみまわれました。この影響で、Ｂのトレンド線からずっと下に落ち込んだＧＤＰは、10年には急回復したものの、11年の東日本大震災・福島原発事故によって、また減ってしまったのでした。11年の日本経済がどれほどひどい不況になっていたかが、このグラフをみるとよくわかります。

なお筆者は、物価下落（デフレ）が深刻な経済問題だと認識しています。しかし、日本のデフレについては、モノやサービスの物価が下がってしまうデフレよりも、労働者の賃金が下がってしまう「賃金デフレ」こそがずっと本質的な問題だと考えています。95ページの図表20で示したように、GDP統計で国民全体の所得がどう分けられているかをみると、日本では、7割前後が労働者の所得になっているからです。

そして、デフレに突入する前は、モノやサービスの物価上昇を上回る賃金の伸びが続いていたのに、デフレに突入してからは、物価下落よりも賃金下落のほうが激しい状況が続きました（たとえば、厚生労働省の『平成23年版労働経済白書』にデータを示した分析がありま す）。したがって、問題の程度からいっても、モノやサービスのデフレより、賃金デフレのほうが深刻です。しかし、筆者とは異なる意見の経済学者もたくさんいます。

本書を読んだあとで、こうした個別のテーマに興味をもった人は、関連するデータを自分で調べてください。それはむずかしいという読者には、政府が発行している白書を読むことをおすすめします。

近年の経済関連の白書は、かなり読みやすくなりました。データを中心にした経済解説を読みたい人には、『経済財政白書』『通商白書』『労働経済白書』などがおすすめです。

†そのあと何度も修正されるのに、第1次速報値を重視する愚かさ

名目・実質両方のGDPとその成長率は、3カ月単位で集計されます。1年を4期間に分割していますので、「四半期」と呼ばれる単位で、1〜3月が第Ⅰ四半期、4〜6月が第Ⅱ四半期、7〜9月が第Ⅲ四半期、10〜11月が第Ⅳ四半期です。

また、1年間のGDPをみるときは、カレンダー（暦《こよみ》）通りに1〜12月で1年とみる「暦年《れきねん》」と、政府の会計年度に合わせて4月から翌年3月までで1年とみる「年度」の2つがあります。GDPの統計では、年度でのデータに注目する人も多くいます。

なお、日本では年度が4月始まりですが、アメリカは10月始まり、ドイツやフランスは1月始まり（暦年と同じ）で、国によって異なります。国際比較をするときには、できるだけ暦年のデータを使うほうがいいでしょう。

直近の景気を知るためにGDP統計をみる人は、当然ながら、四半期単位のGDPに注目します。これも、きちんと集計するには時間がかかるため、各四半期が終わってから約1カ月半後に「第1次速報値」が公表され、さらに約1カ月後に「第2次速報値」が公表されます。そのあと「確報」が出て、約1年後に「確々報」が出ます。それ以外のタイミングでも、データがコロコロ変わります。

同じ××年・第△四半期のGDP金額や経済成長率の値が、やたらに変更されるのです。

GDP統計は、本当に扱いにくい統計で、そのため、集計・計算して公表する内閣府は、いまも統計を改善するための努力を続けています。

くわしい説明は、内閣府のホームページに書かれています。たとえば、速報値や確報などの関係については、内閣府のホームページの「統計情報・調査結果」から、「国民経済計算（GDP統計）」→「統計データ」→「統計表（国民経済計算確報）」→「過去の確報について」を選び、その冒頭にある「計数の遡及改定」を読むと、きちんと説明されています。

問題は、世界の金融市場で株や債券や外貨などを投機的に売買する人たちや、その感覚に迎合するマスメディアや、国民の目を気にする政治家が、正確性でいちばん劣る第1次速報値をやたらに重視することです。四半期単位のGDPは、たとえば0・1％の差が大きな意味をもつデータで、それを正確に計算するには1年を超える期間がかかるのに、作業を1カ月半で済ませて出した第1次速報値が、とても大きく報道されます。

おまけに、四半期のGDPの読み方には、さらにややこしい問題があります。具体的に、2012年第I四半期の経済成長率の第1次速報値を題材にして、四半期データや月次データを読むときの重要なポイントを解説しましょう。

図表48 2012年1～3月期の実質経済成長率の速報

実質の成長率	2012年1～3月期《第1次速報値》		2011年10～12月期
	前年同期比	前期比（年率）	前期比（年率）
GDP（日本国内全部門）	2.7%	4.1%	0.1%
民間消費	3.5%	4.4%	2.8%
民間住宅投資	▲0.2%	▲6.1%	0.3%
民間設備投資	0.3%	▲14.8%	22.3%
政府投資	11.9%	23.6%	▲2.1%
輸出	0.8%	12.3%	▲14.1%
輸入（マイナス項目）	6.6%	8.0%	3.8%

うるう年なのにその調整をしないなら、せめて、こちらをみるべき

速報ではマイナスで、今回の改定で0.8%も修正された

（出所）内閣府ホームページ

その第1次速報値は、図表48のような内容で2012年5月17日に公表されました。表の3行目が、経済成長率（実質GDPの成長率）で、「前年同月比」と呼ばれる測り方なら、年率2・7%の成長、「前期比」と呼ばれる測り方なら、年率4・1%の成長となっています。

公表当日の夕刊では、主要な新聞がほぼ同じ内容で報じており、1面トップには、「年率4・1%の経済成長率」を強調する記事が出ていました。表の右端列のように、ひとつ前の2011年第Ⅳ四半期の経済成長率も一緒に公表されており、それ以前にはマイナス0・7%とされていたものが、0・1%のプラスに修正されていました。差し引きで0・

8％もの修正があったことになります。

その翌日、日本政府（内閣府）は、景気判断を1段階引き上げた『月例経済報告』を出しました。いかにも政府の文書らしく、微妙な表現のちがいで景気判断を表現していますが、その月例経済報告の表紙には、「景気は、依然として厳しい状況にあるものの、復興需要等を背景として、緩やかに回復しつつある」（傍線は引用者による）と書かれていました。

それまでの「持ち直し」という言葉の代わりに、この「回復」という言葉を入れたのが変更点で、正直なところ、差がわかりにくいといえます。言葉が示すイメージよりも、景気判断を変更したのかどうかがポイントで、当時の野田政権は、景気が改善したと判断したのでした。

このあと8月の月例経済報告まで、その景気判断が維持されたのですが、9月14日の月例経済報告では、「景気は、世界景気の減速等を背景として、回復の動きに足踏みがみられる」（傍線は引用者による）に変わっており、〝2段階の引き下げ〟がなされました。5月に景気改善をアピールしたあと、9月になって、本当は改善しておらず、むしろ景気が少し悪化していることを認めたわけです。……翌10月には日本銀行が、深刻な世界不況が起きたリーマンショック直後以来の、大幅な景気悪化が起きていると認めました。

ちょうどそのあいだに、野田政権は民主党・自民党・公明党の3党合意にしたがって消費税の増税法案を国会で可決しました。結果として、消費税増税をめぐる駆け引きが白熱した期間だけ、景気が回復しつつあるかのようにみせかけていたことになります。

じつは、複数の事情が重なったことで、12年第Ⅰ四半期のGDP統計をきちんと読めば、景気判断を悪いほうに修正することはありえても、回復の方向に修正するのはおかしいといえたのでした。

そもそも、正確性が劣る第1次速報値だけで、景気判断を変更すること事態がおかしいといえます。また、経済成長率という〝変化率〟だけでなく、実質GDPそのものをみることが大切で、2006年第Ⅰ四半期から12年第Ⅰ四半期までの実質GDPの推移をみたのが、図表49です。

すでにみたように、日本の名目GDPは1年単位だと約500兆円で、実質GDPもそれに合わせて計算されています。ここでは、四半期の実質GDPのデータも年率にして、500兆円前後で変動するとしてグラフにしています。

グラフでの2012年第Ⅰ四半期の実質GDPは、同年5月17日に公表された第1次速

図表49　日本のＧＤＰ規模の推移②

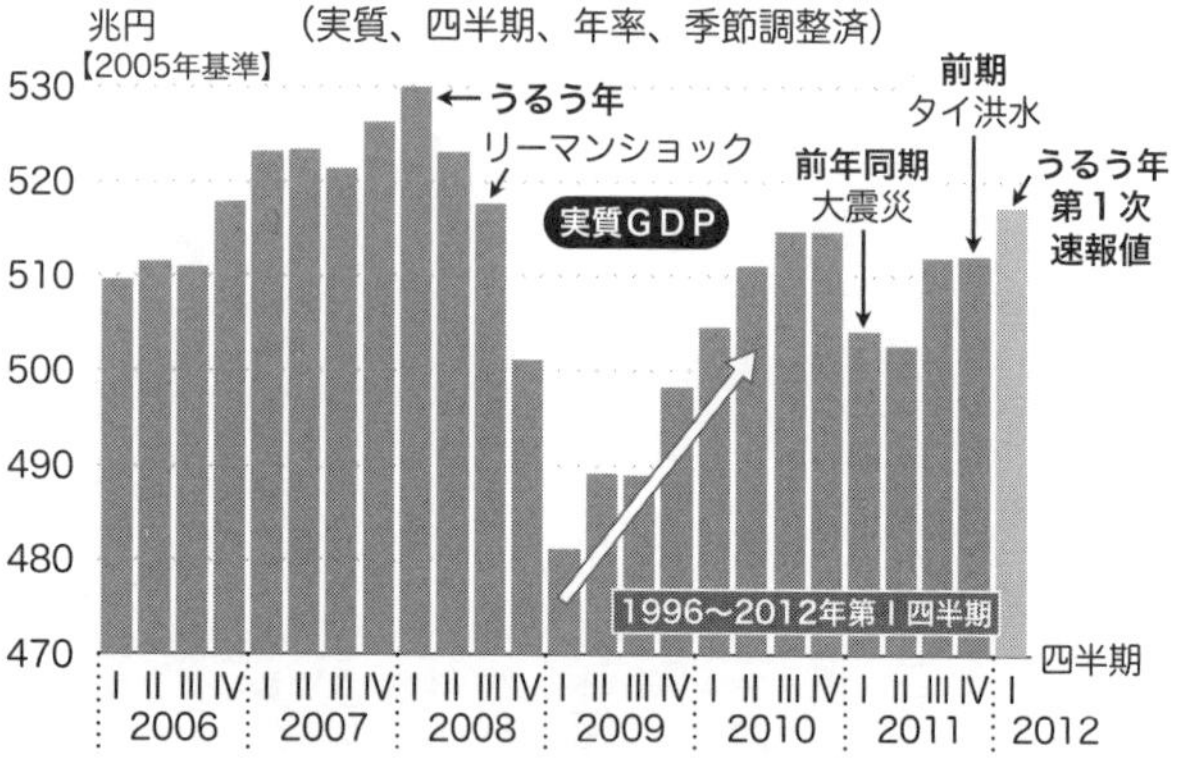

Ⅰ：1～3月期　Ⅱ：4～6月期　Ⅲ：7～9月期　Ⅳ：10～12月期

（出所）内閣府ホームページ

報値です。筆者としては、さんざん落ち込んだGDPが、この第1次速報値のところまで増えたとしても、景気判断を1段階引き上げることには、強い違和感があります。

リーマンショックのあとの回復スピード（図中の白い矢印）をみればわかるように、通常、一時的な原因で落ち込んだ実質GDPは、その反動で、放っておいてもいつもより高い成長率で回復する性質をもちます。また、××ページの図表48で政府投資の成長率をみると、前期比で年率23・6％も、政府が公共事業を増やしたことがわかります。……ここで前期比のほうをみているのは、政府やマスメディアが前期比の成長率を強調していたからです。

月例経済報告で政府がみずから認めていたことですが、公共事業だけでなく、エコカー補助金などの効果も大きく、それだけ大規模な景気刺激策をおこなっていて、また、本来なら反動で大幅に跳ね上がるのが自然なのに、この程度の増加であれば、とても回復しているようにはみえないというのが、筆者の実感です。

これも201ページの図表48で確認できることですが、2012年第Ⅰ四半期の成長の主な理由として、もうひとつ、輸出が大幅に伸びたことが挙げられます（前期比で年率12・3％の伸びです）。ところが、前期の輸出のデータ（表の右端列）をみると、年率でマイナス14・1％と、大幅に落ち込んでいたのでした。これは、11年に起きたタイの大洪水の影響で、それが落ち着いたため、その反動で回復したことが明らかでした。

これらのことだけでも、政府の景気判断引き上げがいかに不自然だったかがわかります。そのうえ、2012年第Ⅰ四半期のGDP統計には、もっと大きな問題があったのでした。

筆者が特に問題視したポイントは2つあります。第1は、政府が前期比の数字だけを強調し、マスメディアもそれを中心に報じたことです。第2は、うるう年によって1日多くなった2012年2月をふくんでいたのに、調整をしなかったことです。

前期比の数字を重視することの問題点については、つぎのページのコラムで説明します。

コラム

前期比か、前年同月比か？

筆者は、前期比も前年同期比もみるべきだし、変化率だけでなく数量や金額そのものもみるべきだと考えます。ただ、経済成長率のデータについて、前期比と前年同期比のどちらをより重視するかといえば、前期比ではなく、前年同期比を選びます。

そもそも、半期、四半期、月、週などを単位とするデータの多くは、簡単には、前期（ひとつ前の四半期や月など）のデータと比べられません。**季節変動**と呼ばれるものがあるからです。

たとえば、11月と12月のケーキの売上を比べるとか、1月と2月のチョコレートの売上を比べるとかを、単純作業でやってしまうと、たいてい、ケーキもチョコレートも売上が大幅に増加しているでしょう。12月にはクリスマスが、2月にはバレンタインデーがあるからです。そうしたイベントがなくても、月によって日数も異なりますし、祝日の数も異なります。季候などの差も消費に影響するでしょう。そういった要因による増減を、季節変動といいます。

図表カ

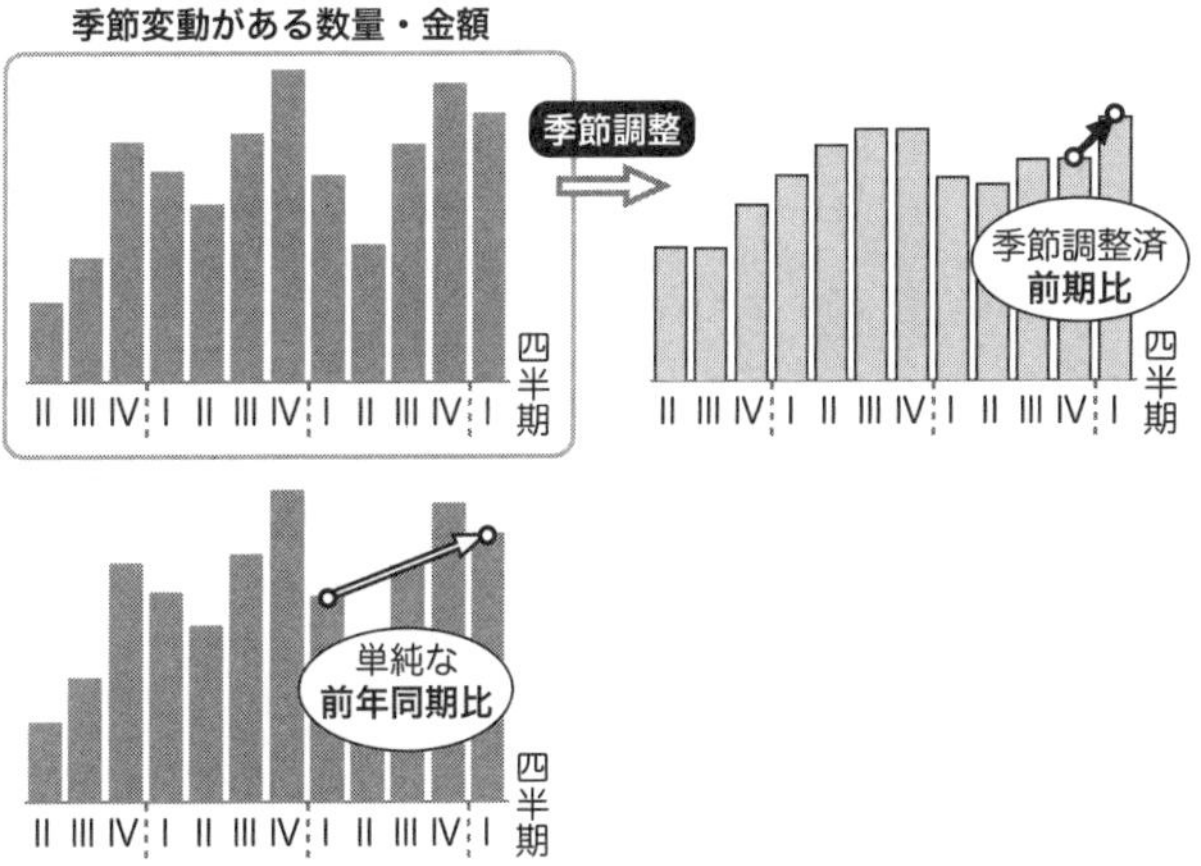

図表カの左上の棒グラフが、季節変動がある数量あるいは金額の推移を示したものだとしましょう。そのまま前期比の変化率（成長率）や変化幅をみることが無意味だとはいえません。いくら収入が増えたかをみて資金繰りなどを考えるなら、そのままみたほうがいいでしょう。

しかし、景気についての指標として、景気がよくなったかどうかをみたいなら、季節変動を取り除く必要があります。1月に比べて、2月のチョコレートの売上が増えたからといって、景気がいいとはいえないからです。

季節変動を取り除いて変化率をみるための、いちばん簡単な方法は〝前年同期比〟をみることとです。2月の数字を前期（前月）の1月と比べようとするから、季節変動が邪魔になります。それなら、前年同期（前年同月）——前年の2月と比べればいいという考え方です。図中の左下の棒グラフでは、前年同期の値と比較しています。

正確にいえば、季節変動を取り除いたのではなく、季節変動による影響を避けたのですが、これも立派なやり方です。しかし、問題点もあります。同じ月でも、祝日の曜日が変わったことで、昨年は連休があったのに、今年は連休がないといったことが起きます。こうしたちがいが調整できません。

より本格的なのは、**季節調整**と呼ばれる手法を使い、季節変動を取り除くことです。簡単には説明できないほど精緻な方法を使っていますが、考え方としては、過去のデータなどから、季節などの差による影響がどれだけあるかを計算しておき、そのぶんを取り除くのです。季節調整をほどこしたあとのデータを**季節調整済**といいます。

図の右上の棒グラフが、季節調整済のデータだとしましょう。デコボコが減っています。これで安心して〝前期比〟の変化率をみることができます。

この**季節調整済・前期比**のほうが洗練された手法にみえること。また、より最近のデータを比較していますから、現在の状況をより示していそうにみえること。この2つが理由で、前期比（季節調整済）の変化率を好む人は多いようです。

筆者は、長期の数量・金額の推移をきちんとみながら、他方で前期比のデータをみるのなら、悪くないと思います。しかし、他のデータをみずに、前期比あるいは前年同期比のどちらかのデータを中心にみるのであれば、前期比のデータが前年同期比のデータより劣る理由を、はっきりと示すことができます。

他ならぬ、経済成長率のデータで、実際に前期比と前年同期比の経済成長率の推移を比べてみればいいのです。それが図表キです。ともに1年間での変化率になるように、前期比は年率に換算していいます。一目瞭然といっていいでしょう。前期比のデータは乱高下がひどすぎるのです。

せっかく、季節変動による乱高下を取り除く工夫をしたのに、これだけ乱高下するのですから、前期比のデータだけで、しかも、第1次速報値のような正確性に劣るデータの前期比をみて、翌日には景気判断を変更するといったやり方は、強引すぎたといえそうです。より最近のデータだけを重視するのは、ときにとても危険なのです。

また仮に、2012年第Ⅰ四半期の経済成長率が、季節調整済・前期比で年率4・

図表キ

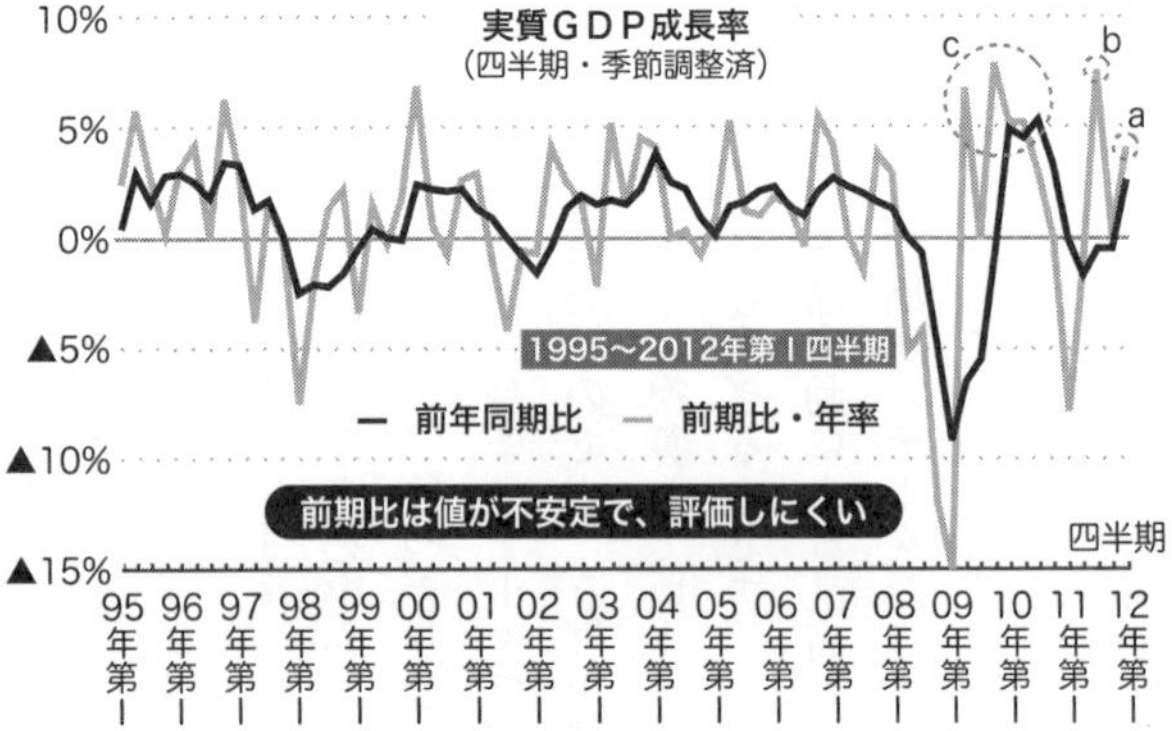

（出所）内閣府ホームページ

1％（図中のａ）であったことだけで、景気判断をするとしても、リーマンショックや東日本大震災・福島原発危機の反動で高い成長率になったときの成長率（図中のｃとｂ）と比べて、高いか低いかを評価すべきでしょう。つまり、年率5％を軽く超えるようでないと、景気判断を上方に修正する材料としては不適切だったはずです。

そもそも、どれだけの経済成長率なら好況といえるか（あるいは不況といえるか）は、国によって状況によって大幅に異なります。たとえば、アメリカが年率4％の経済成長率なら、ふつうは好況といえます。状況によっては、景気過熱（成長率が高すぎる）との評価もありえます。しかし、中国が年率5％の経済成長率なら、ひどい不況だとみるのがふつうです。

そして、特殊事情で一時的に実質GDPが落ち込んだ四半期と比べた変化率であれば、それが高くても、それだけで景気が改善したと判断するのはおかしいのです。正しく考えれば、「2012年第I四半期の経済成長率は、景気判断には使えない」とみるべきでした。少なくとも、近年のどの四半期よりも飛び抜けた成長率でないと、景気判断を引き上げる材料にはならないとみるべきでした。

不運なことに、2012年第I四半期の実質GDPは、前期比なら、タイの大洪水の影響がひどかった四半期との比較になり、前年同期比なら、東日本大震災の発生直後をふくむ四半期との比較になります。経済成長率を適切に計算することがむずかしい四半期だったといえます。

†うるう年をどう考えるか？

経済データの読み方のむずかしさがよくわかる事例ですから、さらに、2012年第I

四半期の経済成長率についての話を続けます。

筆者がいちばん疑問を感じたのは、〝うるう年〟の扱いです。このときのGDP統計では、うるう年によるプラス1日は調整されていませんでした。過去に日本政府も、うるう年の1日を調整したことがあり、海外では調整している国もあります。

基本的なことから説明し直すと、ふつうの年に10～12月期（第Ⅳ四半期）と1～3月期（第Ⅰ四半期）の日数が異なることは、季節調整のなかできちんと調整されます。クリスマスやバレンタインデーなどの影響も調整されます。しかし、「うるう年の影響はない」との前提で計算されたのが、年率4・1％という経済成長率でした。

実際にGDP統計を作成している官僚は、うるう年の影響が無視できない可能性を十分に承知していて、今後の課題として考えていることがわかります（内閣府のホームページ上の資料を読めば、そう書いてあるからです）。それなのに、いまは調整されていません。なぜでしょうか。

この問題が複雑なのは、うるう年の調整をするべきかどうか、簡単に答えが出せないからです。うるう年で1日増えると、自然に消費・投資・輸出などが増えますから、景気判断に使いたいなら、それを調整しないとダメです。食品、日用品、交通サービスなどの消費は自然に増えそうです。

ただ、たとえば通信サービスへの支払いは、従量料金部分は増えますが、固定（基本）料金部分は増えません。ホテルに泊まっていれば、宿泊費を1泊余分に支払うことになりますが、月額の家賃は変わりません。うるう年に影響されない消費もあるわけですから、単に1日増えたとして調整してしまうと、今度は過剰な調整になってしまいます。

より重要なのは、消費の源泉となる所得です。正規雇用の社員の月給は、原則として変わりません。他方、非正規で日給・時給で働いている人の所得は、原則としてうるう年で増えます。非正規雇用が増加していることを考えると、うるう年の影響が高まっていてもおかしくありません。

ではもし、単純に1日ぶんの消費などが増えるとしたら、どれだけの影響があるでしょうか――どれだけの影響を無視していることになるのでしょうか？

1月は31日、2月はふつう28日、3月は31日ですから、第I四半期はふつうは計90日で、そこから1日増えると、1・1％の増加になります。これを無視して前期比のデータをみたうえで、4倍して年率表示すると（正確には4倍ではダメですが、簡易計算でやることにして）、年率で4・4％も高い経済成長率になります。この単純計算だけでいえば、うるう年の調整をしないことで、最大で年率4％超の過大評価が起きてもおかしくないわけですから、今回話題にしている年率4・1％の経済成長率は、すべて吹き飛ぶかもしれません。

現実には、月額固定で支出が決まっている部分もありますから、うるう年の影響はそこまで大きくないでしょう。影響を推計して調整できればいちばんいいのですが、そのあたりを内閣府の人たちが研究中のようです。GDP統計を中心に、日本の経済活動全体を把握する統計は、経済統計の王様といえるもので、したがって、これを実際に計算する官僚は、高いプライドをもって誠実な仕事をしていると思われます。

そうした誠実さは内閣府のホームページでいろいろ調べればわかります。たとえば、ここで問題にしている第1次速報値の公表前に、つぎのような解説も出ていました。

もともと、第1次速報値では、3月のデータが欠けていて、1～2月だけで推計される部分があるのですが、前年の東日本大震災の影響で、前年3月のデータが欠けているものがあり、今回は1～2月だけでの推計部分が広がっているとのことでした。前期比をみるのなら、前年3月のデータは影響しないような気もしますが、季節調整のためには前年3月のデータが必要だという事情があります。

そして、1月と2月の日数はふつう計59日で、うるう年によるプラス1日は、プラス

図表50 2012年１～３月期は「前期比・年率」が錯覚を拡大

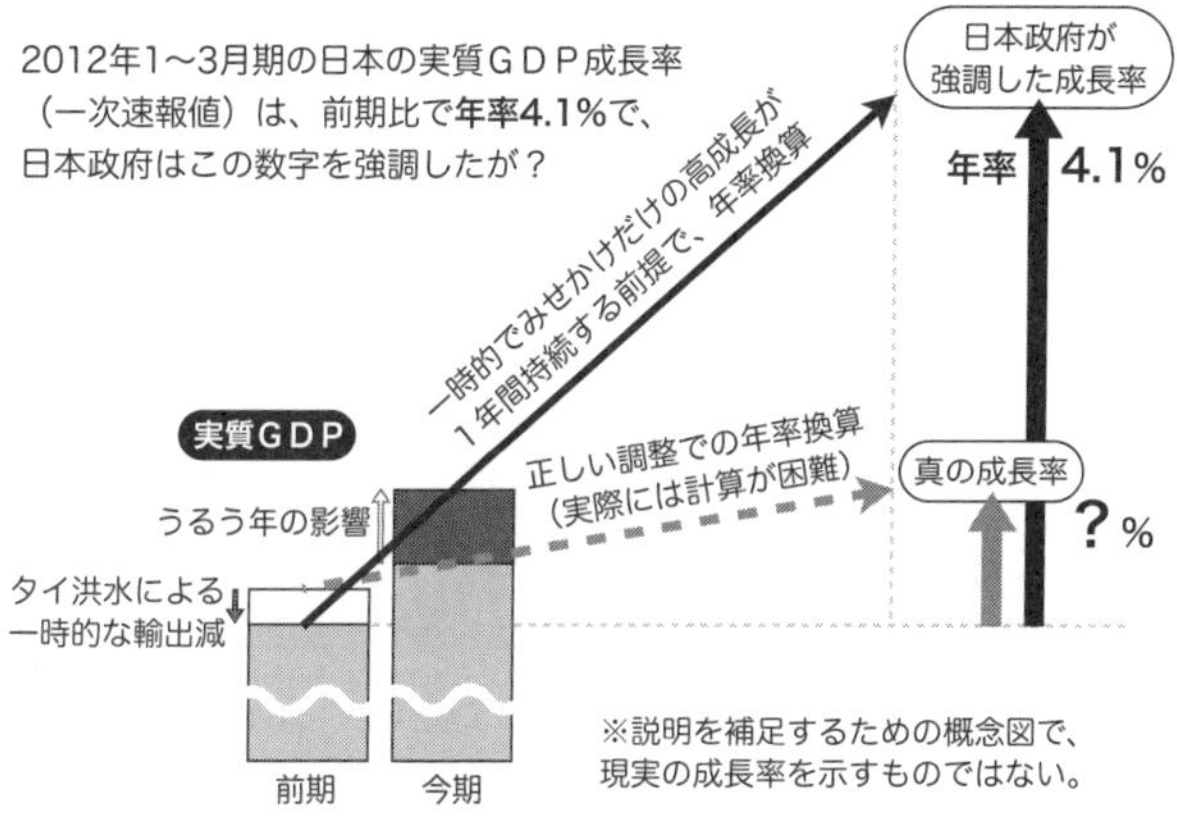

※説明を補足するための概念図で、
現実の成長率を示すものではない。

１・７％になります。これを４倍して年率表示にすると、最大で年率６・８％の過大評価が生じうるといえます。

実際にどれだけの過大評価があるのかわかりません。とはいえ、うるう年の２月をふくむ実質ＧＤＰ成長率を、「前期比（季節調整済・うるう年調整なし）」の数字でみるのは不適切で、ましてや、年率表示の数字はきわめて誤解を招きやすいと認識しておくべきです。ここまでの話を図解したのが、図表50です。前期比の年率表示がいかに問題かがよくわかります。

他方で、年率表示でないとイメージがつかみにくいことも事実です。うるう年なのに前期比をみること自体に問題があるのです。このケースでは、せめて「前年同期比」をみるべきでし

図表51　日本のＧＤＰ規模の推移をおおまかに把握

（実質、四半期、年率、季節調整済）

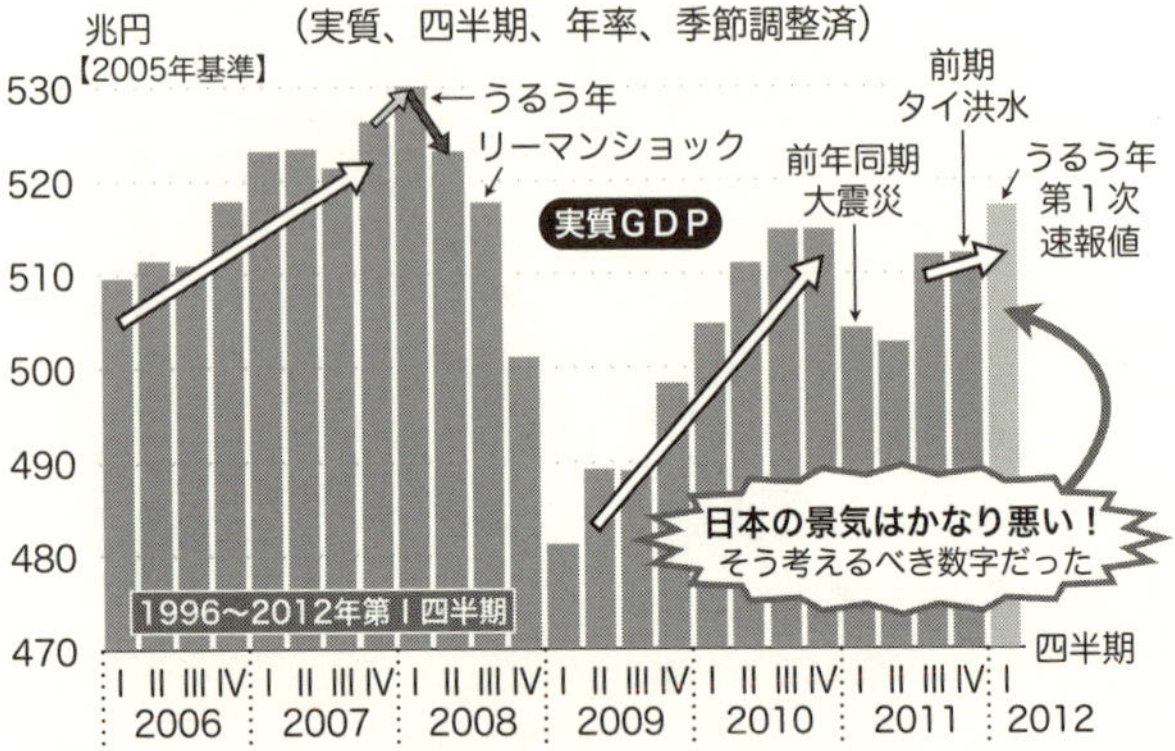

Ⅰ：１～３月期　Ⅱ：４～６月期　Ⅲ：７～９月期　Ⅳ：10～12月期

（出所）内閣府ホームページ

た。うるう年による過大評価を4倍する愚行を避けられるからです。

でも、今回の前年同期には、東日本大震災・福島原発事故があり、すでに述べたように、前年3月の基礎統計が不足しています。だから、前年同期比のデータにも問題があり、そのために前期比をみるしかないと考えたのであれば、大幅な過大評価の危険性を注意事項として一緒に示したうえで、公表したり報道したりすべきでした。

ここまでの話をアタマに入れたうえで、図表51をみてください。２０１２年第Ⅰ四半期のＧＤＰ統計（第1次速報値）は、それをみてどうしても景気判断しなければいけないのであれば、「日本の景気はかなり悪い」と考えるべきデータでした。……そして現実に日本政府は、消費税増税法案が国会を通ったあとに、景気判断を2段階引き下げたのでした。

この点で、筆者が不気味に感じたのは、マスメディアの報道姿勢でした。主要な新聞がこぞって、前期比の成長率を年率にした数字（4・1％）だけを強調していたからです。震災やタイの洪水の影響があることを知りながら、また、うるう年であることも知りながら、4・1％という数字が過大評価である可能性を無視した記事ばかりが並んでいました。

うるう年のことは、前回の2008年第Ⅰ四半期の経済成長率がプラスになったあと、翌第Ⅱ四半期には反動でマイナス成長になりましたから、かなり問題になりました。うるう年の調整をしないと、1〜3月期は過大評価になりやすく、そのツケが回る4〜6月期はマイナス成長になりやすい、と複数のシンクタンクが指摘していました。

また、内閣府のホームページにあるGDP統計についての文書をきちんと読んでいれば、問題点がはっきりとわかったはずでした。当時の政府（内閣）とマスメディアの景気判断は、残念ながらじつにいいかげんなものだったといえます。

ここで強調したかったのはつぎのことです。それぞれの統計をどのように作成しているかに興味をもって、データを集計・公表している機関のホームページなどをしっかり読めば、不勉強な政治家や、マスメディアの記者たちや、データの確認をサボっている経済の専門家よりもずっと、経済統計に強くなれます。経済データの世界では「よりていねいに調べた者が読み勝つ」のです。

考えてみよう!

練習課題J

図表Jは、本文に出てきた四半期ごとの実質GDPのグラフに、2012年第2四半期(4~6月期)のデータを加えたものです。2008年のうるう年では、第2四半期の経済成長率がマイナスになりましたが、2012年第2四半期でも、ほんの少しマイナスになりました(12年末に確認したデータを示しています)。

うるう年の調整をしなかったことによる影響は大きいように思えます。しかし、2008年のときほど大きなマイナス成長にはならなかったのだから、うるう年の調整をしなかったことによる影響は、さほど大きくないとの意見が出るかもしれません。みなさんは、どう思われますか。うるう年の調整をするべきだと思いますか、しないほうがいいと思いますか?

また、経済成長率の数字をみるには、前期比と前年同期比のどちらをみるほうがいいと考えますか? あなたなりの意見を考えてください。

(答えは233ページ)

図表J　うるう年のあとの4～6月期は？

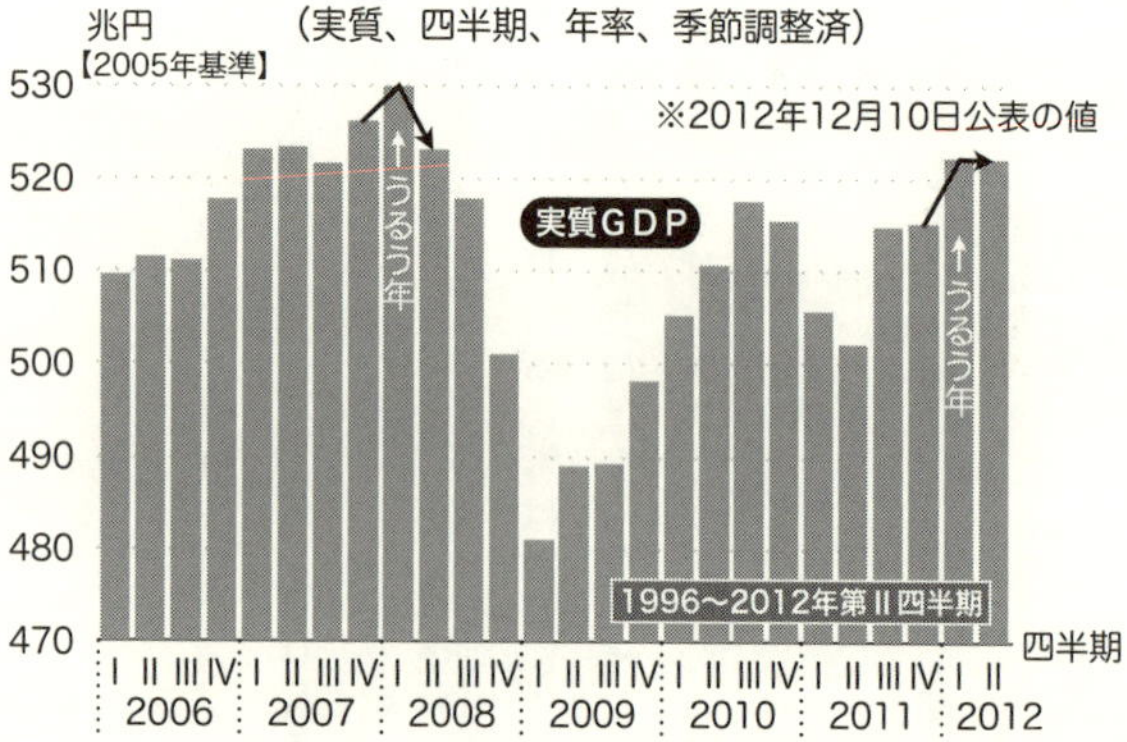

Ⅰ：1～3月期　Ⅱ：4～6月期　Ⅲ：7～9月期　Ⅳ：10～12月期

（出所）内閣府ホームページ

おわりに

　経済データを表やグラフにして、いろいろと考えることで、おもしろい部分をみつけたら、ぜひ、関連しそうな別のデータも調べてみてください。ひとつのグラフ（あるいは表）だけでも、いろいろな〝気づき〟があったりするのが、経済データのいいところです。さらに、他のグラフや表と対比して考えることで、意外な関係に気づいたりします。

　しかし、毎回、おもしろいことに気づくとは限りません。自分ひとりで調べると、最初のうちは、グラフをみても表をみても、なにも読み取れないと感じるかもしれません。本書冒頭で強調したように、データを読む経験を積み重ねることで、読解力が高くなるのですが、その際に、読解力アップの近道となるやり方があります。……じつは、筆者自身がいまもやっていることです。

一所懸命に考えながら、データを読み続けることが前提になりますが、このとき、できるだけパソコンに頼らないようにしましょう。作業時間は増えてしまいますが、できればデータをグラフにするとか、表にするとか、あるいは、基礎データから変化率やシェアを計算するとか、数量と価格を掛けて金額を計算するとかを、ある程度は〝自分の手で〟やるのです。

作図や計算を「自分の手でやる」というのは、なにか時代遅れのアドバイスにみえるかもしれません。でも、これがひとつのポイントなのです。筆者自身、そう信じているからこそ、まだまだ自分のデータ読解力を高めようとして、実践しています。

10年以上前から、著書に載せる図表はほとんどすべて、筆者が清書しています。パソコンで作成していますし、元のデータのほとんどは表計算ソフトで整理しています。しかし、本に載せる図表を作成するときは、できるだけ表計算ソフトに頼らないようにします。データが多いときにはグラフの線や棒そのものはパソコンのグラフ作成機能に任せるものの、軸や目盛や目盛ラベルや補助線などは、手作業でひとつずつつけることが多いのです。パソコンのグラフ作成機能を利用するとしても、目盛などの設定は、できるだけ手動でおこないます。たとえば、0、100、200、300と目盛ラベルをつけるときに、ひとつずつ文字入力のボックスを設定して、ひとつずつ配置するといったこともします。データ数が少ないときには、グラフのひとつひとつの点や線や棒を、筆者が書き入れて作図することもあります。グラフや表にするためのデータも、元の表計算ソフトのファイルからコピーするだけでなく、ときに手で入力します（チェックがたいへんですが）。すると、表計算ソフトのうえでみていたときには気づかなかったことが、手作業をしているうちにアタマに浮かんだりします。ときどき、パソコンでできることを手作業でやりながら、とにかく、アタマをひねってデータを読むことを意識して続けるのです。それができれば、データを読む能力は上がります。もし、読者がまだ在学中の生徒・学生なら、グラフや表を紙に手書きすることをおすすめします。

情報化が進み、データが入手しやすくなったからこそ、ビジネスや生活のうえでデータの読解力が大きな武器になります。それを磨くには、手間をかけてデータを読む作業を続けるのがいちばんです。本書を読み終えたあと、読者には、経済データを探して考えることを続けていただきたいと、心から願っています。

なお、本書執筆に際し、筑摩書房の永田士郎さんからいろいろなアドバイスをいただきました。ありがとうございました。これまでに、データを巡って筆者と議論してくださった方々にも、感謝いたします。

2012年10月

吉本佳生

練習課題　解答例

練習課題A

飛行機も新幹線も、1年のうち8月の運賃が一番高い点で共通しています。その理由は、両者の運賃が人気を反映して決まるからで、夏休みがある8月の人気が一番高く、だから運賃も高くなるのです。

練習課題B

ポテトチップスの価格を分解すると、原料であるじゃがいもの比率はそれなりに高いはずです。しかし、油の価格、いろいろな作業をおこなう人の人件費、味を維持するために工夫された包装素材の価格、かさばる菓子袋を運ぶのにかかる燃料費、作業にかかる水道光熱費なども、ポテトチップスの価格を構成します。

じゃがいもとポテトチップスの価格がさほど連動していないのは、じゃがいもの価格以外の要因が、ポテトチップスの価格に大きな影響を与えることを示しています。こうした現象は、他のモノでもみられます。

たとえば、43ページの図表5をみると、野菜ジュースの価格が2008年にはっきりと値上がりしています。ところが、同時期には、トマトの価格も生鮮野菜の価格も下がっていました。やはり、原材料以外の要因で、ジュースの値上がりが起きたといえそうです。

練習課題C

図表Cのグラフには、季節変動がさほどないこと。これが筆者の違和感の正体です。本文の2つの図表（81・82ページ）では、どのデータも季節変動が大きかったのに、品目別シェアは季節が異なっても安定しています。

しかも、タバコの値上げ前には、その要因のためにシェアがそれなりに変動しています。なんらかの事情があれば、品目別のシェアはもっと動いていいはずなのです。そして、月によって来客数や客単価はかなり動きます。じつは、品目別シェアのなかでも、サービスのシェアは、12月に必ず高まっています（年賀状印刷などが原因でしょうか……？）。

そのような変動が、他の品目別シェアで目立たないのは、それぞれの品目ごとに、季節による販売の落ち込みを防ぐ工夫をいろいろと講じているからではないか、筆者はそう感じたので、このグラフがコンビニ経営の巧みさを示すヒントであると思ったのでした。

練習課題D

86ページの図表19をみると、2000年前後は興行収入に占めるシェアで大きく劣っていた邦画が、06年にシェアで洋画を逆転し、翌07年には一時抜き返されたものの、08〜11年は洋画より興行収入を稼いでいます。この点を意識して図表Dをみましょう。

まず、洋画のほうが優勢だった時期（図表Dのなかでは2000〜05年）は、1本当たりの興行収入で邦画を圧倒していたといえます。ところが、洋画の1本当たりの興行収入が下がり、邦画とほぼ同じレベルになった06年に、邦画のシェアが洋画を逆転しました。

逆転したとはいえ、邦画と洋画がほぼ互角で、ちょっとだけ邦画が上回る状況が続いているとみることもできます。この時期には、1本当たりの興行収入も邦画と洋画でほぼ互角になっていますから、邦画と洋画の「映画1本当たりの興行収入」と「興行収入におけるシェア」の両者は、ちょうど対応（連動）しているといえます。

ただし、どちらが原因でどちらが結果なのか、あるいは、どちらもなにか別の要因から影響を受けているのか、これまでのデータだけではわかりませんから、読者自身で考えてみてください。

たぶん、洋画の1本当たりの興行収入が下がったことで、邦画がシェアで逆転するようになったという見方が、データの読み方としてはよくあるパターンです。しかし、魅力的な邦画がない限り、シェアの逆転はむずかしかったでしょうから、邦画・洋画の具体的なヒット作についても分析しないと、どうも説得力がありません。

映画好きな人は、2000年前後からの毎年のヒット映画のデータをみることで、もっと突っ込んだ分析ができるでしょう。チャレンジしてみてください。

練習課題E

まずなにより、男女の失業率にさほどの差がなく、強く連動していることを、きちんと意識するべきです。これがふつうだとは限らないはずです。

結婚・出産などで仕事を辞める（辞めざるをえない）女性はまだまだ多くいます。そもそも、日本はまだ女性が働きにくいともいわれます。それなのに、なぜこれほど男女の失業率が連動しているのか、疑問を抱くべきです。

差があることを気にする人は多いのですが、差がないことにきちんと疑問を抱くのは、意外にむずかしいことです。そうした疑問がすぐに浮かんだ人は、データを読むうえでのセンスがいいといえます。

バブル経済が崩壊し、日本経済が低成長に移行した1990年代から最近まででみて、96年までは女性のほうが失業率が高く、97年からは女性のほうが失業率が低くなっています（98年だけは同じになっています）。偶然なのか、なにか理由があるのかは、このグラフだけではわかりませんが、特徴のひとつとして気になります。

また、女性の失業率のほうが相対的に安定しています。

他にも、なにか気づく点があるかもしれません。

練習課題F

全年齢でみると、非正規雇用の比率は拡大傾向にあります。これは、本文でも示したことです。それと比べて、若者の非正規雇用の比率は拡大傾向をもつといえるかどうかを、考えてみましょう。

まず、2011年のデータは無視するほうがいいと、筆者は考えます。東日本大震災・福島原発事故があった年ですから、例外的な動きになっていてもおかしくありません。11年のデータを無視すると、若者の場合、非正規雇用の比率は上昇傾向にないといえます。……11年のデータを考慮しても、上昇傾向にはなさそうですが。

また、全年齢の非正規雇用比率は少しずつ変化しているのに対し、若者（15～24歳）の非正規雇用比率は相対的に大きな上下をしていて、不安定です。しかも、より景気が悪かった2009年に非正規雇用比率が下がったりして、なぜこのような変動になっているのか、要因がわかりにくいと感じられます。……09年については、急な景気悪化によって、非正規で働く人たちの解雇が大々的におきたことが原因かもしれません。

つまり、若者の非正規雇用比率は、不可解な推移を示しています。このグラフだけでは、なにもいえないと考えるべきでしょう。……くどいようですが、「結論を出すにはデータが足りない」と気づくことは、とても大切です。

他にも、なにか気づく点があるかもしれません。

練習課題G

これは本当に、あなた自身が自分の判断で決めるべきことです。誰かの意見を参考にしたり、議論をしたりすることは、とてもいいことです。でも最後は、増税による負担増を受け入れるか、政府のサービス削減を受け入れるかを覚悟して、自分で決めてください。

その際、つぎのことを意識するべきです。改めて図表Gをみると、2009年以降は日本の年間経済規模が500兆円を割り込んで縮小したなかで、政府部門の経済規模は少しずつですが拡大してきました。

その結果、政府部門の割合は高まったのですが、2009年以降の日本政府はそれだけ頼れる存在になってきたといえるかどうか、よく考えてみるべきです。どちらの感想もありそうですから、国民のひとりとしてあなた自身が考えなければなりません。

練習課題H

どちらの企業も世界中に自動車を輸出している、日本の代表的な輸出メーカーです。また、どちらも日本国内で自動車を販売しています。たとえば、円相場の変動は、輸出メーカーの利益に大きな影響を与えます。それが円高であっても円安であっても、同じ輸出メーカーですから、両社の株価を同じ方向に動かすはずです。

また、日本国内の景気や、自動車業界を支援する政府の政策なども、両社の株価に同じような影響を与えます。つまり、株価に影響を与える要因のいくつかが、同業種の2つの企業では共通しているために、株価は同じ動きをしやすいのです。

じつは、最近の日本の株式市場では、異なる業種の株価も強く連動するようになっています。株価変動の構造が大きく変わってしまったのですが、こうした事実も、新しいデータをきちんと調べることで、みつけることができます。

練習課題ー

工業製品をつくる際に利用する特許の使用についての「技術貿易」は、赤字から黒字に転じて、黒字が増加傾向にあります。特許等使用料が黒字化したのは2003年ですが、「技術貿易」を示すのが工業権・鉱業権使用料だとみるなら、1997年から黒字化したといえます。

また、著作権等使用料は赤字が少しずつ拡大しています。日本では、海外の小説やビジネス書などを翻訳して出版したり、海外の映画などをDVDやBDなどで販売したりしています。他方、日本のアニメーションは海外で人気を誇っていますが、著作権ビジネス全体では、日本はまだ競争力で劣るようです。

他にも、なにか気づく点があるかもしれません。

練習課題J

解答例のひとつは、本文で筆者が述べた内容です。しかし、これが正解と断言できるかというと、他の意見もありそうです。たいていの場合、どのやり方にもなんらかの欠点があるからです。

大切なのは、自分が選んだデータや計算方法の欠点について、きちんと意識することです。そして、結論を出すのに十分なデータではないと気づいたときには、無理な評価や判断をしないというルールを守ることができれば、まずはそれで十分です。

ちくま新書
1006

高校生《こうこうせい》からの経済《けいざい》データ入門《にゅうもん》

二〇一三年三月一〇日　第一刷発行

著者　吉本佳生（よしもと・よしお）

発行者　熊沢敏之
発行所　株式会社 筑摩書房
東京都台東区蔵前二-五-三　郵便番号一一一-八七五五
振替〇〇一六〇-八-四一二三
装幀者　間村俊一
印刷・製本　三松堂印刷 株式会社

乱丁・落丁本の場合は、左記宛にご送付下さい。
送料小社負担でお取り替えいたします。
ご注文・お問い合わせも左記へお願いいたします。
〒三三一-八五〇七　さいたま市北区櫛引町二-六〇四
筑摩書房サービスセンター　電話〇四八-六五一-〇〇五三

ISBN978-4-480-06705-0 C0233

ちくま新書

002 経済学を学ぶ
岩田規久男
交換と市場、需要と供給などミクロ経済学の基本問題から財政金融政策などマクロ経済学の基礎までを、現実の経済問題に即した豊富な事例で説く明快な入門書。

035 ケインズ
——時代と経済学
吉川洋
マクロ経済学を確立した20世紀最大の経済学者ケインズ。世界経済の動きとリアルタイムで対峙して財政・金融政策の重要性を訴えた巨人の思想と理論を明快に説く。

263 消費資本主義のゆくえ
——コンビニから見た日本経済
松原隆一郎
既存の経済理論では説明できない九〇年代以降の消費不況。戦後日本の行動様式の変遷を追いつつ、「消費資本主義」というキーワードで現代経済を明快に解説する。

336 高校生のための経済学入門
小塩隆士
日本の高校では経済学をきちんと教えていないようだ。本書では、実践の場面で生かせる経済学の考え方をわかりやすく解説する。お父さんにもピッタリの再入門書。

396 組織戦略の考え方
——企業経営の健全性のために
沼上幹
組織を腐らせてしまわぬため、主体的に思考し実践しよう！　組織設計の基本から腐敗への対処法まで「これウチの会社！」と誰もが嘆くケース満載の組織戦略入門。

502 ゲーム理論を読みとく
——戦略的理性の批判
竹田茂夫
ビジネスから各種の紛争処理まで万能の方法論となっているゲーム理論。現代を支配する〝戦略的思考〟のエッセンスと限界を描き、そこからの離脱の可能性をさぐる。

516 金融史がわかれば世界がわかる
——「金融力」とは何か
倉都康行
マネーに翻弄され続けてきた近現代。その変遷を捉え直し、世界の金融取引がどのように発展してきたかを整理しながら、「国際金融のいま」を歴史の中で位置づける。

ちくま新書

565 使える！確率的思考　小島寛之
この世は半歩先さえ不確かだ。上手に生きるには、可能性を見積もり適切な行動を選択する力が欠かせない。確率のテクニックを駆使して賢く判断する思考法を伝授！

581 会社の値段　森生明
会社を「正しく」売り買いすることは、健全な世の中を作るための最良のツールである。「M&A」から「株式投資」まで、新時代の教養をイチから丁寧に解説する。

619 経営戦略を問いなおす　三品和広
戦略と戦術を混同する企業が少なくない。見せかけの「戦略」は企業を危うくする。現実のデータと事例を数多く紹介し、腹の底からわかる「実践的戦略」を伝授する。

628 ダメな議論 ――論理思考で見抜く　飯田泰之
国民的「常識」の中にも、根拠のない〝ダメ議論〟が紛れ込んでいる。そうした、人をその気にさせる怪しい議論をどう見抜くか。その方法を分かりやすく伝授する。

701 こんなに使える経済学 ――肥満から出世まで　大竹文雄編
肥満もたばこ中毒も、出世も談合も、経済学的な思考を上手に用いれば、問題解決への道筋が見えてくる！　経済学のエッセンスが実感できる、まったく新しい入門書。

785 経済学の名著30　松原隆一郎
スミス、マルクスから、ケインズ、ハイエクを経てセンまで。各時代の危機に対峙することで生まれた古典には混沌とする経済の今を捉えるためのヒントが満ちている！

807 使える！経済学の考え方 ――みんなをより幸せにするための論理　小島寛之
人は不確実性下においていかなる論理と嗜好をもって意思決定するのか。人間の行動様式を確率理論を用いて抽出し、社会的な平等・自由の根拠をロジカルに解く。

822 マーケティングを学ぶ　石井淳蔵
市場が成熟化した現代、生活者との関係をどうデザインするかが企業にとって大きな課題となる。著者はここを起点にこれからのマーケティング像を明快に提示する。

825 ナビゲート！日本経済　脇田成
日本経済の動き方には特性がある。それを知れば予想外のショックにも対応できる！　大局的な視点から日本経済の過去と未来を整理する、信頼できるナビゲーター。

831 現代の金融入門【新版】　池尾和人
情報とは何か。信用はいかに創り出されるのか。金融の本質に鋭く切り込みつつ、平明かつ簡潔に解説した定評ある入門書。金融危機の経験を総括した全面改訂版。

837 入門 経済学の歴史　根井雅弘
偉大な経済学者たちは時代の課題とどう向き合い、それぞれの理論を構築したのか。主要テーマ別に学説史を描くことで読者の有機的な理解を促進する決定版テキスト。

842 組織力――宿す、紡ぐ、磨く、繋ぐ　高橋伸夫
経営の難局を打開するためには、〈組織力〉を宿し、紡ぎ、磨き、繋ぐことが必要だ。新入社員から役員まで、組織人なら知っておいて損はない組織論の世界。

851 競争の作法――いかに働き、投資するか　齊藤誠
なぜ経済成長が幸福に結びつかないのか？　標準的な経済学の考え方にもとづき、確かな手触りのある幸福を築く道筋を考える。まったく新しい「市場主義宣言」の書。

924 無料ビジネスの時代――消費不況に立ち向かう価格戦略　吉本佳生
最初は無料で商品を提供しながら、最終的には利益を得ようとする「無料ビジネス」。こんな手法が社会的に求められるのはなぜか？　日本経済のゆくえを考える。

ちくま新書

001
貨幣とは何だろうか
今村仁司
人間の根源的なあり方の条件から光をあてて考察する貨幣の社会哲学。世界の名作を「貨幣小説」と読むなど貨幣への新たな視線を獲得するための冒険的論考。

016
新・建築入門
――思想と歴史
隈研吾
建築とは何か――古典主義、ゴシックからポストモダニズムに至る建築様式とその背景にある思想の流れを辿りその問いに答える、気鋭の建築家による入門書。

377
人はなぜ「美しい」がわかるのか
橋本治
「美しい」とはどういう心の働きなのか？「合理性」や「カッコよさ」とはどう違うのか？ 日本の古典や美術に造詣の深い、活字の鉄人による「美」をめぐる人生論。

391
「心」はあるのか
――シリーズ・人間学①
橋爪大三郎
「心」の存在が疑われることは、あまりない。が、本当に「心」は存在するのだろうか？ この問題を徹底検証し、私たちの常識を覆す。スリリングな社会学の試み。

415
お姫様とジェンダー
――アニメで学ぶ男と女のジェンダー学入門
若桑みどり
白雪姫、シンデレラ、眠り姫などの昔話にはどのような意味が隠されているか。世界中で人気のディズニーのアニメを使って考えるジェンダー学入門の実験的講義。

432
「不自由」論
――「何でも自己決定」の限界
仲正昌樹
「人間は自由だ」という考えが暴走したとき、ナチズムやマイノリティ問題が生まれる――。逆説に満ちたこの問題を解きほぐし、21世紀のあるべき倫理を探究する。

469
公共哲学とは何か
山脇直司
滅私奉公の世に逆戻りすることなく私たちの社会に公共性を取り戻すことは可能か？ 個人を活かしながら公共性を開花させる道筋を根源から問う知の実践への招待。